NHÁ CHICA

A Mãe dos Pobres

RITA ELISA SÊDA

NHÁ CHICA

A Mãe dos Pobres

EDITORA
SANTUÁRIO

Direção editorial:
Pe. Fábio Evaristo R. Silva, C.Ss.R.

Copidesque:
Sofia Machado

Revisão:
Luana Galvão

Projeto gráfico e diagramação:
José Antonio dos Santos Junior

Coordenação editorial:
Ana Lúcia de Castro Leite

Dados Internacionais de Catalogação na Publicação (CIP) de acordo com ISBD

S447n Sêda, Rita Elisa

Nhá Chica: a mãe dos pobres / Rita Elisa Sêda. - Aparecida, SP : Editora Santuário, 2020.
224 p. ; 16cm x 23cm.

Inclui bibliografia e índice.
ISBN: 978-65-00-01275-0

1. Biografia. 2. Francisca Paula de Jesus. 3. Nhá Chica. I. Título.

2020-558 CDD 920
CDU929

Elaborado por Vagner Rodolfo da Silva - CRB-8/9410

Índice para catálogo sistemático:
1. Biografia 920
2. Biografia 929

3ª impressão

Rua Padre Claro Monteiro, 342 — 12570-045 — Aparecida-SP
Tel.: 12 3104-2000 — Televendas: 0800 016 00 04
www.editorasantuario.com.br
vendas@editorasantuario.com.br

Oferecimento

Ofereço este livro a
Nossa Senhora da Conceição;
Francisca de Paula de Jesus, Nhá Chica;
meus avós Josepha Patta e Sisínnio Deodato Zedda;
meus pais Ivon Luiz Pinto e Rita Seda Pinto.

Introdução

Nesta viagem cronológica inerente à vida de Francisca de Paula de Jesus, Nhá Chica, mantenho na íntegra a copilação de documentos de época. Em todo o livro, conservo algumas palavras, tais como: villa, Baependy, baependyano, São João d'El Rey etc., no intuito de torná-las "iscas historiográficas" para contextualizar o leitor à época. Este é um livro para os devotos de Nhá Chica e para os que desejam conhecê-la, pois ela nos deixou o legado de que a Fé é a ponte que liga a razão ao amor.

Alguns documentos foram encontrados depois da beatificação de Francisca de Paula de Jesus – Nhá Chica: o testamento de Izabel Maria da Silva, encontrado pelo Dr. Antônio Claret Maciel Santos, advogado, pesquisador e historiador, nascido em Caxambu; e a certidão de casamento de Maria Joaquina da Silva, encontrada pelo irmão José Maciel, C.Ss.R., nascido em Aiuruoca. A eles nosso agradecimento por vasculharem os arquivos para nos trazer a luz da história. Por essa razão, este é um livro em que você encontrará a verdadeira história de Nhá Chica. Nos documentos, o nome Izabel aparece com "z" e com "s", optei por escrevê-lo com "z".

Dentro do prisma "licença poética", fui estimulada, por meio da leitura de uma frase do jornalista, editor e professor, Lorenzo Aldé, "a liberdade interpretativa é um direito inalienável de quem propõe a ler a história e tem potencial de abrir novos caminhos", a fazer a associação entre Francisco Bernardone (Chico de Assis) e Francisca de Paula de

Jesus (Chica de Baependy) e a decidir por Baependy, porque Nhá Chica viveu muitos anos nessa cidade.

Considerações historiográficas

Não é fácil a proposta de se fazer uma biografia, pois sempre haverá a tendência de se escapulir do teor histórico e se enveredar pelas suposições. Não poucas vezes, quando o biógrafo se preocupa em demasia com o aspecto histórico, a produção literária fica insossa, como um livro pedagógico. A presente biografia de Nhá Chica, feita por Rita Elisa Seda, respeita a verdade histórica sem fazer esforços e sem criar traumatismos, conservando-se leve e atraente. Eu a li de uma vez só. Sentei, abri o livro e só me levantei quando o tinha esgotado. Leitura fácil, atraente, coloquial e sem se desviar da condução histórica.

O homem é um produto da história na mesma proporção em que a constrói. A ação da história é igual ao do vento que ora é suave e brando, como a brisa que acaricia as flores da campina e impregna de seu perfume, ora é forte e possante, como tufão, que sacode a poeira do tempo e o varre.

O livro Nhá Chica, a Mãe dos pobres, de Rita Elisa Seda, com firmeza, determinação e persistência, percorre os intrincados aspectos sociais, coletando dados de uma época difícil na história do Brasil.

A autora utiliza uma linguagem simples e nos toma pela mão para nos conduzir a uma viagem dentro da história, ao mesmo tempo, cheia de emoções e repleta de religiosidade. Houve um tempo, bem antigo e distante, em que as tribos se reuniam em torno da grande fogueira para ouvir o patriarca narrar a história do povo. História que era a vida e o alimento de cada membro dessa sociedade. É essa a impressão que se sente ao ler o relato da vida de Nhá Chica. Como uma matriarca, que reconta para os filhos, a autora nos faz sentar ao pé da fogueira e desfia o grande novelo dos fatos, todos eles comprovados por testemunhas orais ou escritas.

Para levantar a história de Nhá Chica, a biógrafa percorreu muitas cidades: Baependi, Campanha, Belo Horizonte, Rio de Janeiro, estudou diversos documentos e ouviu a voz de muitos depoimentos. Como uma calceteira lisboeta, Rita Elisa foi juntando peças, ajeitando posições, compondo simetrias e formou o mosaico enternecedor da vida de uma santa. Ela mostrou a beleza de uma alma, sem faltar com o rigor histórico.

Ivon Luiz Pinto
Historiador, autor do livro "Pioneiros Visionários",
Santa Rita do Sapucaí, MG

I

NASCIMENTO DE FRANCISCA DE PAULA DE JESUS

CAPITANIA DE MINAS GERAIS

A capitania das Minas Gerais era composta de três importantes comarcas: a do Rio das Velhas, cuja sede era Villa Real (Sabará); a de Villa Rica, com sede em Ouro Preto; e a do Rio das Mortes, com fórum em São João d'El Rey. Com atenção especial à *Comarca do Rio das Mortes*.

Foi no início do século XVIII que o português Manuel João de Barcelos, faiscando ouro na base dos montes no *Arraial Novo*, descobriu ricas manchas de ouro. Os paulistas: Lourenço da Costa e Pedro do Rosário começaram lavrar essa terra, fazendo com que aparecessem muitos forasteiros e aventureiros. Dessa maneira, erguendo uma choupana aqui, uma casinha ali... surgiu um arraial. No vale do Rio das Mortes, havia até mesmo uma igrejinha, no Morro da Forca[1], que foi consagrada a Nossa Senhora do Pilar, originando-se ali São João d'El Rey.

Dia 19 de janeiro de 1718, no governo de dom Pedro de Almeida[2], foram "criadas as duas villas de São João e São José d'El Rey no valle do Rio das Mortes, perdendo essa última povoação o nome de Arraial Velho de Santo Antônio do Rio das Mortes" (Senna, 1898:154).

[1] O primitivo pelourinho de madeira ficava no *Morro da Forca*, símbolo de autoridade da vila.

[2] D. Pedro de Almeida, primeiro conde de Assumar, conhecido pela alcunha "O Barbas", nasceu em 1630 e morreu, em 22/3/1679 em Goa, de uma doença que lhe sobreveio no sítio de Pate na costa da África.

Situada na região centro-sul da província de Minas Gerais, a comarca do Rio das Mortes "tinha como sede a villa de São João d'El Rey. Embora não fosse a maior em extensão, era a mais populosa" (Andrade, 1996:45).

Por causa da cobrança do quinto do ouro, a comarca do Rio das Mortes teve ampliado o trecho da capitania, que se estendia do Ribeirão das Congonhas, nas divisas da comarca de villa Rica, até a villa de Guaratinguetá, pela serra da Mantiqueira ao sul. Assim deixou registrado Diogo de Vasconcelos[3] em suas histórias de Minas Gerais.

IZABEL MARIA DA SILVA

Foi em São João d'El Rey que Maria Joaquina Felisarda deu à luz uma menina parda, que foi batizada com o nome de Izabel Maria. Essa menina cresceu e ficou conhecida como Izabel Maria da Silva.

Não se sabe com precisão o ano, se Izabel Maria era jovem ou mais adulta, quando ficou grávida; talvez jovem, pois era costume da época que as mulheres assim que ficassem moças começassem a gerar filhos. Não era uma obrigação imposta somente às escravas, mas também às mulheres em geral. O reverendo historiador irlandês R. Walsh veio ao Brasil em 1828 e descreveu que as mulheres brasileiras casavam-se muito cedo, entre os doze e treze anos, e continuavam a ter filhos até muito tarde. Alguns casamentos se faziam entre pessoas com idades muito diferentes. Comumente, homens de sessenta anos casavam-se com moças de doze anos de idade (Walsh: 82).

No começo do século XIX, Izabel Maria da Silva deu à luz um menino, o qual recebeu o nome de Theotônio. A certidão de batismo de Theotônio tem algumas palavras engolidas pelas traças, mesmo assim consegue-se ler o nome dele, da mãe, dos padrinhos e madrinhas.

[3] Nasceu em Mariana, em 1843, e faleceu em 1927. Foi um historiador, político, jornalista e advogado brasileiro.

Pelo padrão de registro da certidão de batismo da época, há uma grande possibilidade de, em 1803, Izabel Maria da Silva ter sido alforriada, ou quem sabe, melhor ainda, não ter tido a tristeza de passar pela escravidão, mesmo tendo a tez parda.

No livro de assentamentos de batizados, de 1799 a 1805, tomo IV, na folha 494 (quatrocentos e noventa e quatro), da paróquia da catedral Basílica de Nossa Senhora do Pilar de São João d'El Rey[4], encontra-se:

> Theotonio – Aos qu [...] de Março de mil oitocentos e tres nesta Matriz da Villa de São João del Rei o Reverendo João Ferreira Dias de licença batizou e pos Santos oleos a Theotonio filho de Izabel Maria [...] foram padrinhos Ma[...] Francisco da Silva e Maria [...] Felisarda por procuração que desta [...] José Silveira Justiniano todos desta freguesia. O Coadj^or^ Manoel Ant^o^ de Castro[5].

No registro de batizado, consta como madrinha Maria Felisarda, a mãe de Izabel Maria. Então, Theotônio foi agraciado com o fato de ser afilhado de sua avó materna.

Pode ser que Izabel, na época do nascimento de Theotônio, continuasse morando na freguesia do Rio das Mortes, provavelmente na região do Cajurú. Talvez ainda em companhia de Maria Felisarda, tendo nova companhia, o filho Theotônio. Ou, senão, trabalhando por conta própria em casa de família; são apenas suposições, pois, até agora, não foram encontrados registros a esse respeito.

Pela proximidade das datas, dia de São Theotônio (18 de fevereiro) e 4 de março (batismo), podemos supor que Izabel fez uma homenagem ao primeiro santo português, venerado em todo o mundo; talvez Theotônio tenha nascido no dia do santo homônimo. Algumas parti-

[4] Documento mencionado em certidão expedida pelo pároco da catedral Basílica de Nossa Senhora do Pilar de São João d'El Rey, reverendíssimo monsenhor Sebastião Raimundo de Paiva, em 19/3/2008.

[5] Monsenhor Sebastião Raimundo de Paiva ficou atento à observação de que os espaços entre colchetes estão ilegíveis e/ou carcomidos por traças.

cularidades da vida desse santo teceram algumas semelhanças com o filho de Izabel. São Theotônio, inteligente, caridoso, religioso, protetor, realmente um santo. Por ser um reformador da vida religiosa em Portugal, um ano após sua morte, em 1163, São Theotônio foi canonizado pelo papa Alexandre III, tornando-se o primeiro santo português com entronização em altar.

SANTO ANTÔNIO DO RIO DAS MORTES PEQUENO

No entorno de São João d'El Rey, existiam muitos povoados perto de inúmeras fazendas. Consta que, em certa época[6], Izabel Maria morou e trabalhava na fazenda *Porteira dos Villelas,* na região do povoado Santo Antônio do Rio das Mortes Pequeno, lugar integrado à província Rio das Mortes.

O distrito de Santo Antônio do Rio das Mortes Pequeno é relatado em documentos que citam sua existência entre o final do século XVII e o início do século XVIII[7], quando, por ali, passaram os bandeirantes e uma das três ilhoas, Júlia Maria[8], vindos da ilha de Açores, determinados a povoar o Brasil.

Existem relatos da *Irmandade de Santo Antônio* (o nome Santo Antônio do Rio das Mortes Pequeno consta desde a formação dessa irmandade), datados de 1722, que comprovam a existência de uma capela[9] erguida à margem do rio das Mortes Pequeno, local onde logo se formou uma comunidade denominada *Passagem Santo Antônio.*

[6] Especialmente no começo da década de 1810.

[7] Não existe precisão histórica que narre a formação de Santo Antônio do Rio das Mortes Pequeno, existem, sim, várias versões orais e documentais que entram em controvérsias, mas nada tão certo ainda para falarmos qual seria o verdadeiro.

[8] Foi no dia 29/6/1724, na capela de Santo Antônio, a celebração do casamento de Diogo Garcia da Cruz com Júlia Maria da Caridade, a ilhoa do Faial, arquipélago dos Açores, por isso algumas vezes Júlia Maria era denominada: uma das "Três Ilhoas"; que se constituíram importante tronco de uma descendência enorme e que se espalhou por Minas Gerais, São Paulo e Goiás.

[9] Hoje, conhecida como igreja *Velha*.

Há duas histórias referentes ao nome do rio que corta as mediações desse distrito. A primeira é contada pelos antigos, por causa da Guerra dos Emboabas. A segunda versão, pouca conhecida, foi publicada no jornal *Correio do Município*, 25 de novembro a 10 de dezembro de 1998, relatando que, muito antes de 1709, esse rio já recebia este nome "(...) rio das mortes, por morrerem nele uns homens que o passaram nadando e outros que se mataram a pelouradas brigando entre si sobre a repartição dos índios gentios que traziam do sertão". Também foram encontrados relatos de uma sangrenta luta entre os primeiros sertanistas paulistas que ocuparam o território contra os *Catguás*, tribo predominante no local, resultando em muitas mortes.

Em torno da capela de Santo Antônio, à margem do rio, formou-se o povoado. Com o passar dos anos, por causa das inúmeras enchentes que derrubavam as casas, destruíam as plantações, chegando a danificar a capela, toda a comunidade ribeirinha se mudou para um local perto, mas com melhores condições para que prosperassem as pequenas produções agrícolas.

O povoado era ponto de passagem e, muitas vezes, de pouso, integrado à *Estrada Real*. Tinha alojamentos tipo pousadas onde recepcionavam os viajantes que seguiam para o Rio de Janeiro ou vinham de lá.

No início do século XVIII, por causa da extração das jazidas de ouro na lavra de São João d'El Rey, muitos paulistas migraram para aquela região. A comunidade de Santo Antônio do Rio das Mortes Pequeno era perto, apenas 12 km, por isso algumas famílias ali se alojaram procurando uma nova atividade como meio de subsistência. A população da época constava de certo grupo de fazendeiros, outros escravos, poucos comerciantes, alguns aventureiros em busca de ouro e de diamante.

Durante a guerra entre paulistas e emboabas, e pouco depois dela, o arraial do Rio das Mortes ficou muito abalado com as mortes e o afastamento do povo paulista, de quem foram conquistadas as minas. Mesmo assim, a comunidade de Santo Antônio do Rio das Mortes Pequeno prosperou.

NASCIMENTO DE FRANCISCA DE PAULA DE JESUS

Foi em 1808[10], na fazenda Porteira dos Villelas[11], no povoado de Santo Antônio do Rio das Mortes, que Izabel Maria deu à luz outro filho, dessa vez uma menina, parda e bonita. O pequeno Theotônio, em sua pouca idade, tinha então uma irmã.

Izabel, filha de Maria Joaquina, crente aos ensinamentos católicos, assim como fez com Theotônio, levou a filha para ser purificada, remida do pecado original. Não foi para São João d'El Rey; a menina foi batizada ali mesmo, em Santo Antônio do Rio das Mortes. A criança tinha dois anos de idade.

No livro de Assentamentos de Batizados de 1810 a 1818[12], Tomo II, no verso da folha 300 (trezentos), da paróquia da Catedral Basílica de Nossa Senhora do Pilar de São João d'El Rey[13], consta:

> Franc^{a}
> Aos vinte e seis de Abril, de mil oitocentos e des [14]na Cappella de Santo Antonio do Rio das Mortes pequeno Filial desta Matris de São João de El-Rei, de licença o Reverendo Joaquim Joze Alves, batizou e pos os Sanctos oleos a FRANCISCA filha natural de Izabel Maria; forão Padrinhos Angelo Alves, e Francisca Maria Rodrigues todos daquella Applicação.
> O Coadj^{o}r Manoel Ant^{o} de Castro[15]

[10] Ano determinado por Nhá Chica para seu nascimento ao ser entrevistada por Doutor Monat.

[11] Deve-se ao monsenhor Almir de Rezende Aquino, que foi ilustre pároco da matriz de Nossa Senhora do Pilar de São João d'El Rey (séc. XX), a declaração de que Nhá Chica nasceu em uma fazenda de porte não muito grande, denominada Porteira dos Villelas, sendo ele próprio natural dessa fazenda.

[12] Livro de Assentamentos de Batizados de 1810 a 1818, hoje se encontra em poder da paróquia da catedral Basílica de Nossa Senhora do Pilar de São João d'El Rey.

[13] Documento mencionado em certidão expedida pelo pároco da catedral Basílica de Nossa Senhora do Pilar de São João d'El Rey, reverendíssimo monsenhor Sebastião Raimundo de Paiva, em 19/03/2008.

[14] Dia 26/04/1810, tornou-se a data oficial do nascimento de Francisca de Paula de Jesus por decreto da Justiça Federal por meio do Processo de Registro Cívil Tardio.

[15] Felizmente veio às mãos do monsenhor Sebastião Raimundo de Paiva um livro de batizados do começo do século XIX que se encontrava desaparecido, no qual constam os assentos referentes aos batizados de Izabel; do Theotônio e de Francisca; um homem desconhecido ofereceu ao monsenhor Paiva um embrulho em troca de dinheiro; nesse embrulho havia o tão almejado livro.

Quinta-feira festiva para Izabel Maria da Silva, aquela no fim do mês de abril, quando, na capela de Santo Antônio, foi apresentada a menina Francisca, para que sua alma fosse restaurada na graça perdida, tendo participação à Graça Santificante, livre do pecado original. Certamente, esse primeiro sacramento foi o ponto de partida para uma vida de dignidade cristã, em que a pequena Francisca foi mergulhada na água purificadora da Misericórdia Divina.

Pia batismal, onde Francisca de Paula de Jesus foi batizada e, ao fundo, uma cópia da certidão de batismo dela, Santo Antônio do Rio das Mortes – MG, 2011.

A catequese sempre ensinou que o compromisso do batismo deve ser vivenciado na família e na comunidade. Izabel sabia disso. Catequizada com fundamentos dogmáticos cristãos, ficou feliz em ver sua pequena filha, sobre a pia batismal, recebendo a água redentora e sendo ungida com os "Santos Óleos". A alegria estava completa porque os padrinhos, Angelo Alves e Francisca Maria Rodrigues, estavam presentes e garantiriam o acolhimento e o sustento de Francisca, caso acontecesse alguma coisa com Izabel Maria.

A menina Francisca de Paula, filha de Izabel, cresceu em graça e luz, recebendo atenção da mãe e do irmão. "Moreninha clara, olhos verde-gaios, jovial, dengosa, era um encanto de criança. Uma gracinha mesmo: alegre, comunicativa, um sonho" (Lefort,1992:09). Na fazenda, provavelmente, aprendeu os trabalhos domésticos: lavar, cozinhar, varrer o terreiro. Colher fruta no pé, olhar a correnteza do rio, ouvir a cantoria dos pássaros, certamente, era deleite para a pequena Francisca.

"A mãe de Francisca de Paula de Jesus, D. Izabel, possuía sólida formação cristã. Conhecia ela as vantagens de uma vida em retiro, quase monástica" (Palazzolo, 1958:18). Izabel catequizava Francisca, ensinando-a como "dedicar-se à verdadeira vida cristã", talvez cantando ladainhas, fazendo orações, como a do Terço, momento em que mãe e filha, provavelmente, ajoelhavam-se diante da imagem da Virgem Santíssima, em contemplação e oferecimento do dia. "No terreno espiritual, contudo, era rica de muitas virtudes" (ibid.: 09) a menina Francisca.

Francisca foi crescendo em estatura e amor, "era uma menina pobre, dona de uma fisionomia encantadora" (ibid.). Certamente, fazia os mesmos trabalhos que as crianças da época: pegar água, cuidar das galinhas, mexer o tacho de doce, colher verduras na horta, enfim, viver com a "liberdade" que só os puros de coração conseguem ter.

Naquela fazenda, que nem era uma das maiores da região, na Porteira dos Villelas (divisa com o Cajurú), a natureza possivelmente já impregnava na alma de Francisca a singularidade profética de uma vida de santa, recolhida à *Misericórdia Divina*, sempre aos pés da *Virgem Maria*, além de comparecer com Izabel às missas dominicais.

Segundo consta em documentos (testamento de Izabel Maria e Theotônio, casamento de Maria Joaquina), Izabel Maria da Silva teve uma terceira filha a quem colocou o nome de sua mãe, Maria Joaquina.

No povoado, além das missas, era possível que Izabel levasse os filhos Theotônio, Francisca e Joaquina para participarem das festas cristãs. Uma delas era a do padroeiro Santo Antônio. Festividade, instalada no povoado desde 1722, quando também foi criada a irmandade de Santo Antônio do Rio das Mortes Pequeno. Consta em ata que o juiz da irmandade, capitão Pedro da Silva, designou que todo ano, no dia "treze do mês de junho, celebre-se a festa do Bem-aventurado Santo Antônio, padroeiro desta nossa Irmandade com a maior devoção que eu puder ser, a saber: Missa cantada ou rezada, sermão com sua procissão e será dada de esmola ao reverendo Vigário seis oitavas de ouro, e ao diácono e subdiácono, duas oitavas de ouro a cada um" (Sacramento: 146).

Em casa, Izabel, Theotônio, Joaquina e Francisca faziam suas orações diárias. Família "catolicíssima onde, ainda menina, tinha aprendido, dos lábios de sua mãe, amar e venerar a Nossa Senhora com particular fervor" (Palazzolo: 53).

Naqueles momentos de oração com sua mãe Izabel, a pequena Francisca, certamente, pressentia maior presença de Deus, e o Amor, tornou-se suporte para sua vida. Em sua sensibilidade infantil, havia o precoce desejo de servir a Deus. Em oração, diante da Mãe de Deus, a criança Francisca já era autêntica em amor, perdão e piedade. Por meio das experiências de oração, sua alma foi acalentada. A oração era seu amparo; diante da Virgem Maria, ela abandonava-se e permitia que, por intermédio da Mãe, o Filho tocasse sua nobre alma.

Na época, o naturalista francês Saint-Hilaire descreveu em seu diário: "Parece que há no país muita devoção à Virgem da Conceição, pois existe em sua igreja grande número de pequenos quadros, que representam curas operadas milagrosamente por sua intercessão", ao conhecer uma igreja à margem do Rio das Mortes no arraial de Conceição, que fazia parte da paróquia de São João d'El Rey (Saint-Hilaire: 127).

A maioria dos cristãos da região do Rio das Mortes dedicava-se a orar para a Virgem da Imaculada Conceição, terna Mãe, que, "em vista dos méritos de Nosso Senhor Jesus Cristo, foi preservada da mancha do pecado original no mesmo instante de sua Conceição que, por isso, chama-se Imaculada" (Vichi de Paula). Mesmo ainda não sendo um dogma da Igreja, muitos do clero e laicos lutavam para que, um dia, essa doutrina fosse instituída pelo Vaticano.

BÀE PEN DY

Na oralidade dos que perpetuam a história, em conversas à roda da fogueira, pelas andanças nos caminhos de terra, contada pelos tropeiros, pelos fazendeiros e pelos forasteiros desbravadores dos sertões das Gerais, rege uma tradição sobre os primórdios de Baependy. Nela, consta que Antônio Delgado da Veiga, com seu filho, João da Veiga, e Manoel Garcia, residentes na villa de Taubaté, em 1692, infiltraram-se pelo sertão em busca de selvagens para serem escravizados.

E foi nessas conversas de desbravadores, por intermédio dos índios, que Antônio e seu filho João ficaram sabendo de muito ouro além da serra da Mantiqueira, bem na divisa entre as capitanias de Minas Gerais e do Rio de Janeiro. Empreenderam nessa busca do tesouro e encontraram alguns índios domesticados, que se juntaram a eles nessa façanha, sendo guias e intérpretes para a linguagem desconhecida.

Depois de passarem o rio Paraíba e se embrenharem serra adentro, pernoitaram em cima de um morro, lugar onde está a cidade denominada Pouso Alto. Continuaram seguindo o curso do rio Verde até encontrarem outro rio, que nele desembocava, e, do outro lado do rio, na margem oposta onde estavam, encontrava-se um índio.

Um dos intérpretes perguntou ao índio desconhecido: Bae pendy? (ou... Bae pen dy). O nome *Baependy* era primitivamete grafado: *Máe pendy* e *Máe pen dy*, segundo se pode ver nos antigos documentos, especialmente de sesmarias. Existem vários significados relatados por historiadores: "clareira" – Teodoro Sampaio; "que queres para ti?" – Karl F.P. Martius; "que gente é a tua?" – Macedo Soares; "muitos caminhos dependurados" - João Mendes de Almeida Júnior; "coisa agradável" – Diogo de Vasconcelos. Além de todos esses diferentes registros dos historiadores, ficou a essência unânime de que os paulistas gostaram mesmo é do som das palavras, por isso denominaram o rio como *Baependy*, onde, a suas margens, mais tarde, fundamentou-se um pequeno povoado.

Esse povoado surgiu no sítio *Engenho*, na grande fazenda do Nogueira[16], esses "primeiros estabelecimentos não se fundaram no mesmo lugar onde se eleva hoje a cidade de Baependy" (Pelúcio, 1899/3:216), e sim, há mais ou menos dois quilômetros de distância.

A MUDANÇA

Izabel Maria era livre e precisava tomar uma séria decisão: mudar-se! Possivelmente, veio a dúvida de aonde ir com seus filhos. Necessitavam de melhores condições de sobrevivência. Seria mais sensato voltar para São João d'El Rey, cidade próspera e bem perto de Santo Antônio do Rio das Mortes Pequeno. Sua cidade natal, como consta em seu testamento, "Eu Isabel Maria da Silva, natural da Freguesia de San Joam El Rei".[17]

Sempre religiosa, aos pés da imagem de Nossa Senhora da Conceição, Izabel deve ter pedido ajuda: "Rezou, rezou muito e uma luz surgiu em sua mente. Lembrou-se de uns parentes que moravam em Baependy e que podiam valer-se uma vez procurados" (Lefort: 17). A providência divina lhe sorriu, pois dois desses parentes justamente se encontravam em Santo Antônio das Mortes Pequeno. Conversaram e combinaram tudo para a mudança. Junto aos parentes, Izabel e seus filhos partiram para a villa de Santa Maria de Baependy.

Rumaram para uma vida nova. Afinal, Izabel "escolheu aquela localidade porque nela residiam parentes dela" (Cintra, 1994), e, com certeza, seriam felizes. Transportada com todo o carinho, ia junto a imagem de Nossa Senhora da Conceição, esculpida em terracota. Caminhavam rumo à villa de Baependy... "todos eles com uma vontade enorme de vencer na vida" (Lefort: 12).

[16] Sobrenome de família tradicional de Baependi.

[17] Testamento de Izabel Maria da Silva (mãe de Nhá Chica), registro de testamento da testadora supra. In: *Nhá Chica Novas Pesquisas alteram sua biografia*, opúsculo de Antônio Clarét Maciel Santos, 2015.

Imagem de Nossa Senhora da Conceição que pertenceu à família de Francisca de Paula de Jesus, Nhá Chica, Baependi, MG.

OS ESTUDOS

O melhor era que na villa de Baependy o menino Theotônio ia ter condições de estudar[18]. Em Santo Antônio do Rio das Mortes, não havia escola credenciada pelo governo. Theotônio estava com pelo menos 12 anos de batizado e necessitava de estudos. Sob a bênção de seu santo padroeiro, Theotônio precisava de *uma ótima formação escolar*.

De *passo em passo...* saíram da região onde Joaquina e Izabel moravam e foram em direção a um novo destino. Ao chegar à villa de Baependy, a família instalou-se em uma casinha e foi providenciada a inserção de Theotônio em atividades escolares.

O relatório expedido pela Câmara da villa de Santa Maria de Baependy, em 1825, informou ao Conselho do Governo que o Estado mantinha Instrução Pública em toda a Província, sendo que as escolas do termo de Baependy consistiam em duas públicas: "huma de primeiras letras, creada a trez annos (1822), outra de Grammática Latina, creada a dois annos (1823). Na Escola Pública estavam presentes 47 alunos e na de Grammática Latina eram 22" (*Revista do Arquivo Público Mineiro*, 1897: 254). E, principalmente, os mestres eram assíduos no ensino e cuidadosos no cumprimento de seus deveres.

Para a família, foi ótima a atitude de Izabel em ter-se mudado com os filhos à procura de uma vida melhor, em outra localidade. "Não é

[18] Desde 1813, a *Mesa do Desembargo do Paço* criou, em Baependi, aulas de latim.

temeridade alguma nossa em conjecturarmos que ambas as crianças eram felizes. Viviam em um ambiente amigo, em casa de parentes, estimados, como se fossem filhos da própria casa" (Lefort: 21). Izabel criou, em seus filhos, laços familiares, eram unidos.

Na villa de Baependy havia uma classe escolar só para mulheres[19], com ótima professora. Porém, a menina Francisca de Paula de Jesus não foi à escola, nem mesmo foi alfabetizada em casa. Enquanto seu irmão aprendia as letras, ela ajudava nos serviços domésticos, tais como cozinhar, limpar a casa, lavar roupas, e fazia companhia para a mãe; enquanto Theotônio aprendia a ler as palavras nos livros, Francisca decorava o Rosário e as Ladainhas; enquanto Theotônio dominava o ato da escrita, Francisca registrava em seu coração os conselhos de sua mãe. É provável que a filha Maria Joaquina participava das orações e ajudava nos afazeres domésticos.

Izabel Maria sempre recomendou à filha Francisca que nunca se casasse, nem mesmo fosse madrinha de alguém, muito menos que deixasse de rezar para Nossa Senhora da Conceição. A menina, pura e meiga, escutava as recomendações da mãe com o carinho de quem sabia aceitar e obedecer, com o discernimento de Amor Filial.

Possivelmente, sempre juntos, diante da pequena imagem de Nossa Senhora da Conceição, mãe Izabel e filhos faziam suas orações, inclusive a do Rosário[20]. Tinham especial devoção a Nossa Senhora da Conceição. "A vida cristã, como a vocação para a verdadeira santidade, é apresentada simplesmente como seguimento de Cristo", para isso é preciso ter uma inspiração para a vida dos santos e especialmente a Nossa Senhora, "o culto de Maria em nada obscurece a posição proeminente que Cristo ocupa na Igreja Católica, ao contrá-

[19] Durante muitos anos, somente existiu ensino escolar (Colégio e Liceu) para meninos em Baependy, como era, também, em toda a região. Em 1874, havia instrução particular para "meninas" com a professora d. Tomazia Pinto de Aguiar.

[20] Nossa Senhora apareceu a São Domingos, no ano de 1328, indicando a reza do santo *Rosário* para a salvação da Terra, começando, assim, a propagação dessa oração que significa "coroa de rosas oferecidas a Nossa Senhora".

rio contribui em sumo grau para que os fiéis aprendam a exprimir em sua vida e manifestarem aos outros o mistério de Cristo e a verdadeira natureza da Igreja" (Häring, 1966:82). Com Maria Imaculada a jornada fica mais amena.

Ser catequizada pela mãe, possivelmente, não foi privilégio só de Francisca; Theotônio e Joaquina também foram inseridos no amor divino, com a mesma dedicação. Francisca, Maria Joaquina e Theotônio eram filhos da mesma mãe; mas, de pais diferentes, Theotônio e Maria Joaquina eram irmãos pelo laço sanguíneo do mesmo pai.

Como o passar dos anos, Theotônio progrediu nos negócios e a família foi morar em uma casa maior, um sobrado. Na parte de baixo era comércio e na de cima residência da família. A jovem Joaquina casou-se com João Garcia e eles foram morar em uma fazenda nos arredores de Baependy.

Por meio dessa veneração à Mãe de Jesus, a mulher Izabel e a menina Francisca conseguiam discernimento para as decisões mais difíceis, sempre reconfortadas pelo amor de Nossa Senhora da Conceição. A devoção a Nossa Senhora era ponto de fé para muitos católicos. Como explica padre José Bento Vichi de Paula, padre Bentinho21, "trata-se de uma devoção muita antiga, quem sabe trazida por nossos irmãos escravos ao chegarem à Terra de Santa Cruz, como era conhecido nosso querido Brasil, em sua cultura, em seus costumes e, principalmente, em sua religião"22 (Vichi de Paula). Devoção que se tornou laço de amor entre Mãe e filhas; entre Nossa Senhora, Izabel e Francisca.

Realmente, os estudos foram essenciais na vida de Theotônio, pois ainda moço, aos 17 anos de batizado, já era letrado e começava a galgar a escada do sucesso na sociedade baependyana. Tanto que, em 1821,

---

[21] Padre José Bento Vichi de Paula, *padre Bentinho*, pároco da paróquia de São Sebastião, Vila Industrial, diocese de São José dos Campos, SP.

[22] Especial para este livro, escrito no dia 12/10/2012, dia de *Nossa Senhora da Imaculada Conceição Aparecida*.

foi nomeado para o cargo de *Juiz* na "Aplicação de Santo Antônio da Piracicaba"[23], pertencente ao termo de Baependy[24]; inteligente, Theotônio tinha todos os requesitos necessários para ocupar o cargo.

THEOTÔNIO POLÍTICO

Para o ano de 1832, o irmão de Nhá Chica encontrava-se altamente conceituado junto à sociedade baependyana. Por seu patriotismo, Theotônio Pereira do Amaral foi inserido junto à *Guarda Nacional do Império*. Consta seu cadastro sob o n. 79[25], e, apesar de não ser militar, essa inserção lhe deu o título de *Tenente*.

No ano de 1832, também foi iniciada a construção da igreja de Nossa Senhora da Boa Morte, na villa Santa Maria de Baependy. Desde 1815, ano da criação da *Irmandade de Nossa Senhora da Boa Morte*, havia o projeto de construir um templo para a devoção à santa, uma meta muito desejada pela população crente local.

Geralmente, os confrades dessa irmandade eram negros, mulatos ou brancos contra o regime escravocrata. "De sorte que a devoção a *Nossa Senhora da Boa Morte* passou a ter também um significado social, permitindo a agregação dos escravos, facultando a manutenção de sua religiosidade em um ambiente hostil e delimitando um instrumento corporativo de defesa e de valorização do indivíduo, tornando-se, por todas essas razões, um inigualável meio de celebração da vida", afirma o pesquisador do Centro de Estudos Afro-Orientais, professor Gustavo Falcon[26]. Católico convicto, o tenente Theotônio Pereira do Amaral, no

---

[23] Livro para *Registro Geral da Câmara desta Villa*, fl.66, Baependi.

[24] Para cada povoação distante de uma légua da sede do termo, existia um Juiz da Vintena, ou Juiz Pedâneo, para causas de valor entre 100$000 e 300$000, de acordo com a população (Pelúcio. *Baependí*, p. 180).

[25] Acervo do *Arquivo Público Municipal Professor Themístocles C. da Rocha*, Baependi, MG.

[26] Gustavo Falcon, professor da UFBA-Universidade Federal da Bahia e pesquisador do Centro de Estudos Afro-Orientais.

ano de 1833, tomou parte da *Irmandade da Senhora da Boa Morte*. Há o registro dele entre os "Irmaons de Meza" no livro ata da irmandade.

CASAMENTO DE MARIA JOAQUINA

Enquanto Francisca era aconselhada pela mãe a não se casar, Maria Joaquina obteve dispensa canônica para isso. Ainda não sabemos a razão de o casamento só ser possível por meio de uma dispensa canônica, mas, pelos estudos feitos e pela leitura do documento de casamento, tudo leva a crer que é porque ela e João Garcia eram parentes próximos.

"A 26 d'Ag.^{to} 1837 na Caza de D. Thereza Romana p.^{r} prov.^{m} da V.^{a} d'Aiuruoca e Oratório e Altar a hi erecto, feitas as diligencias do estilo, e dispençados recebi em Matr.^{o} os Contrahentes João Garcia da S.^{a} meo Parochiano e Maria Joaq.^{na} da S.^{a}, f.^{a} d'Izabel Maria n.^{al} de S. João d'El Rey, em prez.^{ça} das Test.^{as} Antônio Cintra, e Joze Garcia do Sp.^{to}, ambos pardos, e as quatro horas da tarde, e lhes dei as bençãos de q~ p.^{a} constar fis este assento. O Vig. Fran.^{co} Joze de Sz.^{a} Montr.[27]"

O casamento foi realizado na fazenda chamada Paiol, Freguesia de Nossa Senhora do Porto do Turvo, por provisão da Vara Eclesiástica da Vila de Aiuruoca, com Oratório e Altar aí montados, feito todo o processo de registros eclesiásticos e dispensados dos graus de consanguinidades, pois os nubentes tinham o mesmo sobrenome Silva.

FRANCISCA, A IRMÃ DE THEOTÔNIO

"Em uma sociedade em que a maioria da população era analfabeta, houve a necessidade de se ter uma imagem visual, a exemplo da foto-

[27] Documento encontrado no ano de 2014 pelo Irmão José Maciel, C.Ss.R., nascido em Aiuruoca, MG.

grafia, que possibilitasse um novo tipo de conhecimento mais imediato, ao mesmo tempo em que integrasse os grupos sociais à forma de autorrepresentação, até então reservado à pequena elite, que encomendava a pintura de seu retrato. Por isso, o século XIX foi dominado pelo retrato" (Santana: 03).

Por causa disso, apareceram os "fotógrafos que tiravam fotos a baixo custo, possibilitando assim que muitos trabalhadores pudessem usufruir desse artifício. Portanto, a fotografia passou a ser a imagem da boa sociedade" (ibid.).

Francisca de Paula de Jesus, Baependy, MG, s/d.

Para isso os fotógrafos iam até as cidades mais importantes das Comarcas e lá registravam pessoas, usos e costumes. Era o registro de uma representação que fornecia ao cliente a ilusão da realidade embelezada. Pois, geralmente, criava-se o ambiente, como em um estúdio. Nele era colocado um pano de fundo, com a pintura de uma paisagem ou do interior de uma residência. Alguns panos tinham a pintura de uma balaustrada, de uma escada, de uma janela, de um vaso ornamental ou de uma mesa de canto com um jarro de flores. Era um aparato a mais[28] que os fotógrafos utilizavam para a conquista de seus clientes. O momento fotográfico era um evento, pois, além de todo o ambiente favorável, feito

[28] Dentre todo o aparato, alguns fotógrafos ainda levavam todo laboratório de revelação, mostrando assim que um fotógrafo era "um alquimista moderno, que manipula humores de composição certa, combinando física e química na criação de uma beleza renovada pela técnica. Um novo tipo de artista em que a técnica influenciava as representações sociais" (Santana:03).

especialmente para esse fim, a pessoa a ser fotografada levava sua melhor vestimenta, emprestava uma ou escolhia alguma dentre o restrito guarda-roupa, que os fotógrafos levavam.

Igual retrato pertenceu ao historiador José Alberto Pelúcio e foi cedido, gentilmente, por dona Adolfina Noronha de Figueiredo Pelúcio ao padre frei Jacinto de Palazzolo, na ocasião em que desenvolvia a pesquisa sobre Nhá Chica para o livro *A Pérola Escondida*, primeira edição em 1958.

O retrato traz, no verso, uma indicação feita por Pelúcio: *Francisca de Paula de Jesus (Nhá Chica) ainda relativamente moça* (Palazzolo: 60). Palazzolo concluiu que se trata de uma fotografia de Nhá Chica em meados do século XIX, período em que a fotografia foi amplamente difundida no império, fazendo com que algumas classes sociais tivessem o privilégio de ter um registro fotográfico. Podemos, então, concluir que foi na época em que Nhá Chica residiu com sua mãe e seu irmão no sobrado da Rua do Comércio. Talvez esse retrato seja de quando ela tinha 35 anos de idade, época em que Theotônio era figura importante em Baependy e, provavelmente, agendou uma pose fotográfica para sua irmã. Ou talvez seja com mais idade, 40 ou até 50 anos.

A cidade de Baependy foi agraciada pela presença de fotógrafos, que, munidos de belos equipamentos, registravam os moradores e a cultura local. Era de praxe algum fotógrafo passar, pelo menos uma vez por ano, pela região do sul de Minas. Frei Palazzolo teve atenção especial ao registro: "É uma fotografia vistosa de Nhá Chica, quarentona, em traje majestático, revestida de rica capa (como era uso na época[29]), que nos revela a energia e a expressão de autoridade[30], aliada à bondade e à doçura", explicando que não conseguiu maiores esclarecimentos a respeito da foto (ibid.: 141).

[29] Uma atenção especial a essa capa preta que esconde todo o vestido florido; algumas dessas capas eram munidas de capuz.

[30] Expressão séria... ao ponto de contrair os lábios.

MORTE DE IZABEL

Izabel e seus filhos, Theotônio e Francisca, moravam em um sobrado no centro da cidade, na Rua do Comércio, "em cujo pavimento térreo, chamado de 'lanço', havia um estabelecimento comercial".[31] Uma venda de que, provavelmente, Theotônio era o proprietário, pois ele possuía uma tropa de mulas que fazia o comércio na região.

Consta em registro encontrado em arquivo paroquial, *Livro de Óbitos* da Igreja Nossa Senhora do Montserrat, relativo ao período de outubro de 1841 a maio de 1869, que "Ao primeiro dia do mês de novembro de mil oitocentos e quarenta e tres annos faleceu nesta Villa com todos os sacramentos, de febre, Izabel Maria da Silva, parda, solteira."[32]

Conforme o costume da época, como consta em documento, Izabel Maria foi sepultada no interior da Igreja Matriz de Baependy. Isso demonstra que ela não era escrava.

No testamento, Izabel Maria da Silva declarou que sempre viveu como solteira, tendo três filhos, Theotônio Pereira do Amaral, solteiro; Maria, casada com Joam Garcia; e Francisca de Paula, solteira, seus legítimos herdeiros. Nomeou seu filho e genro como testamenteiros e, também, o Tenente Cyprianno Pereira do Amaral. Consta o pedido de missa de corpo presente por sua alma. Assegura que não deve dinheiro à pessoa alguma.

> Declaro que huma Caixa grande, que existe em minha casa pertence à minha filha Francisca por ter sido ella comprada com dinheiro de seu trabalho.(...) Instituo por herdeira dos remanescentes de minha terça, depois de cumprida minhas disposições, a minha filha dita Franscisca de Paula, em remuneração dos bons serviços, que muito me tem prestado, e companhia fiel.[33]

[31] Opúsculo Nhá Chica Novas pesquisas alteram sua biografia, Antônio Clarét Maciel Santos, 2015.

[32] Assento de óbito de Izabel Maria da Silva. In: Livro de Óbitos da Igreja Nossa Senhora do Monserrat, Paróquia de Santa Maria de Baependi, outubro de 1841 a maio de 1869, fls 4.

[33] Fragmento do testamento de Izabel Maria da Silva, mãe de Nhá Chica. Opúsculo Nhá Chica Novas pesquisas alteram sua biografia, Antônio Clarét Maciel Santos, 2015.

Por meio dessa declaração, entendemos que Francisca de Paula, Nhá Chica, trabalhou com a mãe, talvez no comércio ou em casa. Além da Caixa grande, ela herdou a parte que era de direito da mãe. Mas não foi o sobrado, porque Izabel deixou registrado no testamento que a casa onde morava era de Theotônio porque foi eregida com dinheiro do filho, com excessão do terreno que era dela.

Então, Francisca de Paula podia optar por morar com o irmão Theotônio e continuar trabalhando ou reverter a herança em dinheiro e ir morar em outro lugar. Certamente ela se lembrou de que, antes de morrer, Izabel recomendou uma "vida solitária, para melhor praticar a caridade e conservar a fé Cristã"[34]. Seguindo esse conselho, ela resolveu deixar a casa onde vivia, recusando o convite do irmão, que a chamava para sua companhia.

Quando Francisca perdeu sua querida mãe, a reação normal seria continuar morando com seu irmão Theotônio. Mas ela tinha 35 anos de idade e podia morar sozinha. Foi essa sua decisão, na certeza de que não estava desamparada e, muito menos, "sozinha", pois a Luz do Espírito Santo permanecia com ela. Embora pudesse continuar morando com seu irmão ou casar-se, preferiu morar em uma casinha e dedicar-se a Deus e às pessoas mais necessitadas; uma decisão de peso para ela.

Um dos dons do Espírito Santo é a Fé, e foi com essa capacidade de acreditar que Francisca se fez "grande" para seguir seu caminho. Izabel havia plantado uma semente que estava germinando.

[34] Blog: *A Origem de Nhá Chica*, acesso em setembro de 2012.

II

VIVER NA HUMILDADE E ORAÇÃO

LAÇOS DE FAMÍLIA

Chico de Assis

Ao se desapossar de tudo que o pai Bernardone lhe dera, Francisco se viu livre. "Um homem despojado é um homem entregue, como essas aves implumes que estão felizes nas mãos cálidas do Pai. Quando não se tem Nada, Deus transforma-se em Tudo" (Larrañaga, 1986:79).

Chica de Baependy

O tempo pontuava as estações. Era novamente inverno, o frio castigava. O vento noturno não dava trégua. O amanhecer ficava marcado pelo céu limpo, em azul-turquesa, sem nuvens; nos campos de Baependy, o manto branco da geada destacava a paisagem.

No alto do morro, na Rua das Cavalhadas, a fumaça anunciava aconchego em uma casa simples, sem forro, com chão de terra batida. Na cozinha, o fogão à lenha mantinha quente a água para coar um café. As panelas de ferro estavam sempre postas para uma comida simples, alimento para os amigos, para os conhecidos e para os pobres baependyanos. Nessa simplicidade diária, Nhá Chica vivia alegre, saudável e amiga. Acolhia todos com um belo sorriso.

É presumível que, nesses dias de frio intenso, Theotônio ia em busca de Francisca. Sabia que à noite o vento zunia e entrava pelas frestas das telhas daquela casinha tão simples, e o frio que subia da terra gelava o corpo de quem ali dormisse. Então, Theotônio ia decidido a persuadir Nhá Chica a voltar a morar com ele. Ela escutava o irmão e podemos imaginar que, depois, ela orava. Ajoelhada, diante da imagem de Nossa Senhora da Conceição, Francisca de Paula de Jesus tinha de tomar a decisão de morar ou não com Theotônio.

Certamente, morando com o irmão, Francisca teria uma casa mais ampla, mais recursos, ótima alimentação, lindas vestimentas, nada lhe faltaria. Imaginemos o quanto ela rezou, pedindo auxílio para a mais digna das mães, aquela que sua mãe terrena lhe apresentou para ser eternamente devota: *Nossa Senhora da Conceição*. Na claridade da Luz Divina, é possível que Francisca tenha se lembrado de Izabel, das recomendações que ela lhe deixou. Com os olhos mareados pela dor da perda de sua mãe terrena, sentiu o conforto de ter uma Mãe celeste. A herança que Izabel lhe deixou não foi a imagem moldada em barro, mas sim o ensinamento de "amar" a Imaculada Conceição. Sempre viu Izabel pedir a Nossa Senhora que a amparasse nas precisões familiares. A religiosidade foi semente forte que germinou no coração de Francisca.

Ela, então, decidiu não ir morar com o irmão. Já tinha certa idade e sabia cuidar de si e da casa. Afinal, prestou-se a esse serviço. Sabia cozinhar, arrumar a casa, lavar as roupas e cuidar das plantas. O legado de Izabel era que ela se estabelecesse sem casamento e sem apadrinhamento. A obediência dava-lhe força para seguir, sem a proteção de morar debaixo do mesmo teto de Theotônio.

Ali, diante da Virgem, Francisca se viu madura, mesmo sem o aprendizado das letras. Dentro de seu coração, a decisão foi latente na força de um "Sim" à vida simples, humilde, honesta, casta e religiosa; decisão que havia adotado e não ia mudar sua conduta. Devia obediência à mãe, Izabel.

Casa de Nhá Chica, Baependy, MG, s/d.

Afinal, tinha uma casa; pequena, mas era a necessária. Sua dignidade estava no corpo e não na vestimenta. Sua alimentação não era só para o corpo, era especialmente para a alma. Seus recursos eram providos pela Mãe, que preenchia sua vida de alegrias, de uma maneira tão sublime, que era quase impossível explicar para os outros. Tinha como intercessora a mais nobre das Mães.

Precisava conversar com seu irmão, deixá-lo ciente de que ela ia continuar naquela casa e essa era a melhor decisão. Como sempre fazia ao orar, descalça, prostrada, agradeceu à querida Virgem da Conceição e refez seus votos de obediência, castidade e pobreza; prometendo difundir a caridade e a religiosidade enquanto vivesse. Dessa maneira, Francisca "recusou-se a viver com condições na companhia do irmão, preferindo os votos de pobreza e seguindo o conselho dado pela mãe antes de morrer: vida solitária para praticar a caridade e o cristianismo" (Brasil, 2011:69).

MINHA SINHÁ

Com a segurança de seguir a recomendação de levar uma "*vida solitária, para melhor praticar a caridade e conservar a fé christã*" (Monat, 1895:93), Francisca de Paula de Jesus abdicou das muitas "regalias" terrenas para se dedicar a uma verdadeira vida religiosa, sem que fosse preciso entrar para alguma instituição religiosa; criou uma própria.

Em máxima atenção à Mãe de Jesus, Francisca de Paula passou a chamá-la de minha "Sinhá", forma com que a maioria dos escravos se designava à "senhora patroa". Francisca, diante do "direito" de decidir seu destino, determinou seu desejo de tornar a Mãe de Jesus como sua "Senhora", sua "Rainha", sua "Protetora". Um desejo que ardia em seu coração, uma chama de amor à Imaculada Conceição. Ser Serva[1] de tão nobre Senhora foi uma alegria para Francisca de Paula de Jesus.

Ser *Serva* é tão grande dádiva que mesmo a própria "Senhora" tornou-se Mãe do Messias ao pronunciar o "Sim" ao anjo Gabriel: "Eis aqui a Escrava do Senhor, faça em mim segundovossa vontade" (Lc 1,37-38), apontando-nos para a realidade de que "a imagem mais perfeita e maravilhosa da Igreja aparece-nos claramente em Maria... humilde *escrava* do Senhor" (Häring, 1966: 82).

Depois da morte de Jesus, Maria foi morar com São João, em Éfeso[2]. Lá, ela contou sua trajetória, desde a anunciação do anjo Gabriel até a Paixão de Jesus, para o amigo apóstolo a quem Jesus falou na cruz: "'Eis aí tua Mãe', e desta hora em diante o discípulo a levou para sua casa" (Jo 19,26-27).

O livro *O Evangelho Secreto da Virgem Maria*, do espanhol e sacerdote católico Santiago Martín[3], traz novas revelações a respeito da "Escrava do Senhor", ditadas por Maria a São João:

> Quero ser escrava do Senhor. Somente do Senhor, isto sim. Porém, com todas as minhas forças. Ser sua escrava não significa não possuir dignidade, nem carecer de liberdade, mas sim colocar minha liberdade a seu serviço e confiar minha dignidade aos seus cuidados. Ele

[1] Criada; empregada; mulher absolutamente sujeita a outrem; escrava.

[2] São João ficou até o fim de sua vida em Éfeso, sendo Apóstolo da Ásia, entendemos melhor porque é que a Virgem Maria viveu nesta cidade com ele, pois este era o último desejo de Cristo (Dökmen, 2012: 14).

[3] Formado em Biologia, Teologia Moral e Jornalismo, é o diretor da *Seção de Religião do Diário ABC* e Diretor do Programa da TVE *Testemunho*. Autor de uma dezena de livros de espiritualidade é também o fundador de uma associação católica: os *Franciscanos de Maria*, dedicada ao trabalho voluntário e gratuito com todo tipo de excluídos e que já está presente em seis nações.

> sabe cuidar de mim muito mais do que eu mesma. (...) Eu vivo por Ele e para Ele. Fui eu que escolhi, ninguém impôs nada, quando me foi pedida a permissão para que pudesse nascer o Messias. Porém, devido à liberdade que tenho, digo-lhe: aqui me tens, sou tua escrava, podes fazer em mim o que quiseres, me abandono em ti, utiliza-me para teus fins e só peço que sejas Tu a cuidar de mim. Sou obra de Tuas mãos e não desejo outra coisa que ser um espelho que reflita Tua glória e Teu prestígio (Martín,1999:22).

Certamente, Nhá Chica, diante de sua "Sinhá", sentia-se com todas as honrarias de uma *Serva Divina*. Na vida santificada parece que tudo faz sentido, é como se o santo já nascesse para ser "Santo". Dom Luciano Mendes de Almeida[4] disse que a orfandade de Nhá Chica parecia um sinal, porque, quando não mais existe uma mãe terrena, a relação é direta com a Mãe do Céu. "E Nhá Chica sentia-se amada com amor de Mãe; ela, filha, podendo conversar com Nossa Senhora – sua Sinhá. Uma conversa tão fácil, tão humana, tão afetuosa que mostra como Deus a consagrou."[5] Na servidão do "Sim", espelhou-se Francisca, para tornar-se "Escrava" de Nossa Senhora.

Chico de Assis

Uma magnânima explicação a respeito da servidão está no livro *Irmão de Assis*, de Inácio Larrañaga, quando diz que "o senhorio de Jesus emana de sua condição de *servo*, conforme a catequese primitiva. Consumado o fato da reverente submissão à morte, e morte de cruz, por obediência ao Pai".

[4] Nasceu em 5/10/1930, faleceu em 27/08/2006. Fez seus primeiros estudos no Colégio Santo Inácio, no Rio de Janeiro (1941-1945) e no colégio Anchieta, em Nova Friburgo (1946-1950). Ingressou na Companhia de Jesus no dia 2 de março de 1947. Exerceu a função de bispo auxiliar na Arquidiocese de São Paulo e foi responsável pela Pastoral do Menor no período de 1976 a 1988. O papa João Paulo II o nomeou arcebispo de Mariana no dia 6 de abril de 1988. Figura de destaque do episcopado brasileiro, atuou na defesa dos direitos humanos e no serviço aos pobres. Lema: *In nomine Jesu* (Em nome de Jesus).

[5] Palestra proferida por d. Luciano Mendes de Almeida na *2ª Conferência do I Encontro de Estudos sobre Nhá Chica*, 21 e 22 de maio de 2004, Baependi, MG.

Fez-se, Jesus, totalmente Servo de Deus, mesmo que para isso precisasse sofrer os mais duros golpes humanos, só assim se tornaria Senhor, pois... "o Senhor nasce do Servo" (Larrañaga: 207). É que os grandes mistérios se interligam em raízes. Da raiz axial Sagrada, surgiu a Imaculada Conceição, que se espalhou pela Terra dando suporte para a grande Árvore Cristã, chamada AMOR.

NHÁ CHICA

Francisca permanecia na Rua das Cavalhadas, em sua modesta casa de chão batido, de apenas quatro cômodos, tendo um belo quintal, onde cultivava hortaliças, frutas e flores.

Diariamente, em frente à imagem de Nossa Senhora da Conceição, Francisca fazia suas orações e colocava seus pedidos. Criou uma constante harmonia coloquial com sua Mãe do Céu e, nesse aprimoramento "familiar", continuou a chamá-la de minha "Sinhá", jeito respeitoso e sincero.

Theotônio sentia-se responsável pela irmã mais nova. Sempre que ia vê-la, tocava no assunto pedindo-lhe que fosse morar com ele. Francisca tornou-se irredutível, mostrando que estava bem, que nada lhe faltava – ou melhor – quase nada. Havia algo que ela desejava e, um dia, ia ter de confessar isso a alguém. Com o passar do tempo ia conseguir seu intento.

Os anos teceram dias felizes para Francisca. No aconchego do lar, nas participações da missa ou no caminhar tranquilo pelas ruas de Baependy, levando comida aos mais necessitados, remédios caseiros aos doentes, sempre pronunciando uma oração, Francisca distribuía graça e bondade. Era uma mulher recatada, caridosa e religiosa.

Perante a sociedade baependyana, o jovem Theotônio tinha prestígio e Francisca também. Pretendentes apareciam e se apresentavam querendo casar-se com a jovem Francisca. "Rapazes de seu tempo pediram-na em casamento; recusou a todos, sem se mostrar contrariada; tornou-se até muito amiga do que mais insistira, grata pelas boas intenções... tinha, porém, missão a cumprir" (Monat: 93).

Missão abraçada com amor, missão de humildade, em que perseverava a caridade. Cuidar dos mais necessitados era uma das metas dessa missão. Dessa maneira começava sua marcha rumo ao Céu. "Francisca de Paula de Jesus, este é seu nome de Batismo. Quando começou sua caminhada de santificação, o povo simples lhe deu outro nome: 'NHÁ CHICA'"[6], elucida o doutor em Direito Canônico, padre Caetano Rizzi[7].

Com respeito e, ao mesmo tempo, com a simplicidade da abreviatura de "Sinhá", foi essa a forma carinhosa que os amigos encontraram para denominá-la. O que ela aceitou com carinho. Até mesmo os pretendentes a chamavam dessa maneira, e a todos ela tratava com atenção e amizade. "Nhá Chica considerava-se uma predestinada, por isso rejeitou, em moça, os rapazes que a queriam para mulher, conservando-se solteira e honesta" (*O Paiz*, 18/06/1895). Construiu um grande círculo de amizade em que todos se sentiam bem e gostavam de conversar com ela.

Pessoas amigas e conhecidas de Nhá Chica aceitavam seus conselhos. Aos que pediam uma oração, a respeito de um determinado assunto, ela o fazia de bom grado, com atenção, aos pés de Nossa Senhora; depois aconselhava e, algumas vezes, mencionava alguma previsão do que poderia acontecer... sempre acontecia o que ela falava. Dessa maneira, sua fama começou a se espalhar pela cidade. "Ainda muito jovem, era procurada para dar conselhos, fazer orações e dar sugestões para pessoas que lidavam com negócio"[8].

---

[6] Especial para este livro, escrito em outubro de 2012.

[7] Padre Caetano Rizzi nasceu em Gramado-RS, em 7/8/1948, dia de São Caetano. Ordenado sacerdote na Catedral de Santos, pela imposição das mãos de D. David Picão, então bispo diocesano. Fez mestrado em Direito Canônico-RJ, concluído em 2004, no Instituto Superior de Direito Canônico Pe. Dr. José Benito Pegoraro, obtendo a láurea máxima pela Universidade Lateranense de Roma. Membro da Comissão Diocesana de Formação Contínua aos Diáconos Permanentes, 2009, Doutor em Direito Canônico pela Universidade Lateranense de Roma, com nota máxima com louvor. Continuou seu trabalho na ótica da "Visita ad limina". Publicou dois livros pelas Edições Paulinas: "Novamente é Natal", 1978, "A Vida, uma oração", 1978; diversos artigos em Jornais Paroquiais e mantém uma coluna no Jornal Presença Diocesana, desde 2001; artigo bimestral na Revista Noivas do Litoral; artigo semanal no jornal Expresso Popular, de Santos, SP.

[8] Site: *Oficial Nhá Chica*, acesso em outubro de 2012.

Sempre fazia as preces diante da imagem da Imaculada Conceição, que "se encontrava nos aposentos íntimos de Nhá Chica", e, quando necessário, para orações com o grupo de fiéis que frequentavam sua casa, a imagem "era transportada em uma espécie de oratório, muito simples – um caixão encimado por uma cruz – até a sala de visitas da pobre casa em que a devota habitava" (Pelúcio: 145). Durante esse transporte, os piedosos religiosos, que se encontravam na humilde sala, recitavam com alegria a "Salve, Rainha", o que deixava Nhá Chica tão contente que sempre conduzia a imagem, sorrindo.

A sala era lugar de encontro para as orações: Terço, Ladainha, Credo, Ofício e outras mais, de apreço, parte de seu chão de terra batida; de tempos em tempos, caprichosamente, era rebocada, tornando, assim, o lugar agradável para que ali se reunissem as pessoas que "prestavam culto singelo e fervoroso à Virgem Maria" (ibid.).

Para seus afazeres, Francisca tinha ajuda do amigo e negro forro[9] Félix. Com isso, dispunha de tempo para se dedicar à caridade e à fé cristã. Sabia que a fé sem obras de nada valia. Recebia mendigos em sua casa e dava-lhes o alimento do corpo, um salutar prato de comida, e o alimento da alma, as orações. O acolhimento do ser está em respeitar suas limitações, e Francisca sabia disso; ocupava-se em saciar-lhes a fome espiritual tanto quanto mitigar-lhes a fome física.

Diante de Nossa Senhora, Nhá Chica, em suas orações diárias, sempre se colocava de corpo e alma, em uma mostra mais pura do ser humano, permitindo uma entrega constante para que o Espírito Santo lhe sondasse a alma. *Havia uma fome em Francisca que precisava ser saciada* e e um vazio que precisava ser preenchido.

Nhá Chica, ciente das grandezas de seu irmão e sempre a par das atividades político-religiosas brasileiras, recebendo, por intermédio dele, notícias da corte e, até mesmo, da Europa, permanecia em sua humildade

[9] A carta de alforria era um documento por meio do qual o proprietário de um escravo rescindia de seus direitos de propriedade sobre ele. O escravo liberto por esse dispositivo era habitualmente chamado de negro *forro.*

religiosa: oração e boas obras – *ore et labore*, lema para tantos santos, para os religiosos sob a graça de uma instituição religiosa... no confinamento de um claustro.

Nhá Chica santificava-se em vida simples em seu monastério no alto da Rua das Cavalhadas, lugar que escolheu para praticar a caridade e períodos incansáveis de oração. A qualquer hora do dia, alguém batia à porta, ou até mesmo, à noite, batiam à janela de sua casa, pedindo uma palavra amiga, um conselho, uma promessa de oração. Por vezes, mesmo que tarde da noite, foi até o quintal pegar alguma erva para auxiliar na cura de um doente, ou então, mexer na panela para dar comida a um esfomeado.

Francisca de Paula de Jesus continuava em sua vida de oração, penitência e boa obra. Aos pobres ela oferecia comida e uma boa conversa a respeito do amor de Deus e da Virgem Maria. Catequizava a todos que vinham a sua porta em busca do pão material... saíam, também, alimentados com o pão espiritual.

Aquela casa simples, com uma tosca porta e três pequenas janelas, que davam acesso à Rua das Cavalhadas, era um verdadeiro templo de devoção mariana. O chão era de terra batida. No fogão à lenha as panelinhas de ferro davam conta de alimentar os esfomeados, eram panelas "sem fundo", pois, mesmo tão pequeninas..., alimentavam dezenas de pessoas quase que diariamente. As roupas de Nhá Chica eram o mais simples possível; ela não possuía pulseira, anel ou qualquer adorno.

Difícil, em qualquer época, mulher se estabelecer sozinha, sem se casar; manter-se virgem, mesmo com muitos pretendentes; ser caridosa, sem verba adicional para esse fim; difícil, sim... ainda mais sendo filha de mãe parda e solteira. Francisca era distinguida por ser filha da Izabel e, assim, alguns passaram a chamá-la de *Francisca Izabel*.

ESCRITURAS SAGRADAS

A fome que Nhá Chica necessitava saciar não era mitigada com alimento material, e sim com o alimento espiritual. Na verdade, ela deixou registrado, em uma entrevista, que nunca havia sentido a "necessidade de aprender a ler" (Monat: 93), mas tinha algo que esperava de todo o coração... "Só desejei ouvir as escripturas santas; alguém fez-me esse favor, fiquei satisfeita" (ibid.). Uma pessoa amiga passou a ler a Bíblia para Francisca de Paula de Jesus. Dessa forma, ela passou a *Comungar as Palavras Sagradas.*

Naquela época, era raro encontrar uma pessoa que lesse a Bíblia[10], porque era muito difícil ter um exemplar em casa. Os que dispunham da Sagrada Escritura eram: o sacerdote, o bispo, enfim... o clero. As missas eram em latim, e as Bíblias[11], também. Então, é bem provável que a "pessoa amiga", que lia a Bíblia para Nhá Chica, entendia muito bem o latim e a traduzia enquanto lia, ou então, era um Protestante[12] amigo.

A primeira publicação das Sagradas Escrituras, realizada no Brasil, foi a do Novo Testamento, traduzido a partir da *Vulgata*[13], em São Luís, no Maranhão, em 1847. Tradução feita pelo bispo Joaquim de Nossa Senhora de Nazaré, sendo impressa em Portugal apenas em 1875.

O teólogo e filósofo, Nilo Ribeiro Júnior[14], analisa que: "a comunhão pode ser 'da' palavra e 'na' palavra. Certamente, são essas duas dimensões

[10] A primeira tradução latina da Bíblia foi a *Vetus Latina*, baseada na *Septuaginta*, e, portanto, contendo livros não incluídos na Bíblia hebraica.

[11] O Imperador dom Pedro II aprendeu hebraico, sua língua favorita, e traduziu para o latim partes da Bíblia, como o livro de Neemias, além de partes do Velho Testamento.

[12] Em 1879, a Sociedade de Literatura Religiosa e Moral publicou uma revisão do Novo Testamento. Foi revisada por José Manoel Garcia, pelo pastor protestante M. P. B. de Carvalhosa e pelo pastor Alexandre Latimer Blackford.

[13] Vulgata é a forma latina abreviada de *vulgata editio* ou *vulgata versio* ou *vulgata lectio*, respectivamente "edição, tradução ou leitura de divulgação popular" – a versão mais difundida (ou mais aceita como autêntica) de um texto. No sentido corrente, Vulgata é a tradução para o latim da Bíblia, escrita entre fins do século IV início do século V, por São Jerônimo a pedido do papa Dâmaso I, a qual foi usada pela Igreja Católica.

[14] Padre Nilo Ribeiro Júnior, SJ, possui graduação em Tecnologia Eletrônica Industrial pela Universidade Presbiteriana Mackenzie (1981), graduação em Filosofia pela Universidade Federal de Minas Gerais (1990), graduação em Teologia pela Faculdade Jesuíta de Filosofia e Teologia (1991), mestrado em Teologia Moral pela Pontifícia Università Gregoriana (1993), doutorado em Teologia pela Faculdade Jesuíta de Filosofia e Teologia (1999). Doutorando em Ética Filosófica pela Universidade Católica Portuguesa, Braga, Portugal. Professor Assistente II do Departamento de Filosofia do Centro de Teologia e Ciências Humanas da Universidade Católica de Pernambuco. Professor do Quadro do PPG de Mestrado em Ciências da Religião da UNICAP, professor na FAJE, Faculdade Jesuíta Belo Horizonte. Atua na área da Ética e Filosofia contemporânea, principalmente nos seguintes temas: fenomenologia, alteridade, ética, responsabilidade, corporeidade em Emmanuel Levinas, Merleau Ponty, Michel Henry, Jean-Luc Marion.

da Palavra que foram vividas intensamente por Nhá Chica. Comunhão 'da' Palavra, porque ela se alimentava 'da' Palavra que lhe era transmitida pelo Narrador. Ela não lia, por isso saboreava as palavras como se degusta o alimento. Como diz a poetisa mineira[15], tratava-se, no caso de Nhá Chica, de 'comer palavras' que lhe eram dadas pela arte de ler e narrar".[16]

VEREADOR THEOTÔNIO (1849)

Está registrado, no livro de *Actas das Sessoens da Câmara Municipal de Baependy*, que, no dia 13 de janeiro de 1849, o irmão de Nhá Chica tinha o cargo de "Vereador", eleito para decisões administrativas em prol da cidade.

Também, no mesmo livro de atas da câmara, havia mais um registro: Theotônio, que sempre teve grande prestígio junto à sociedade baependyana, foi inserido no cargo de "Arrematador das Rendas Municipais", na data de 25 de janeiro de 1844.

Ficou registrado no livro de *Actas da Junta de Qualificação de Volantes de Paróquia de Baependy*, para o ano de 1853, o nome do eleitor Theotônio Pereira do Amaral, com a informação de que era *solteiro*, comerciante e tinha 49 anos de idade[17].

Enquanto Theotônio se destacava publicamente, sua irmã, com 43 anos, permanecia em sua simples casa, morando na parte central de um morro, cortado por uma rua de terra, região sem qualquer tipo de calçamento, onde era de praxe, aos que desciam ao centro da cidade, deixarem, ali, amarrados seus cavalos, meio de transporte da época.

Nhá Chica se sobressaía em dignidade de uma vida quase que estritamente religiosa. Participava das missas, procissões e novenas na pa-

[15] Alusão à poetisa mineira Adélia Prado.

[16] Especial para este livro, escrito em setembro de 2012.

[17] Para que tivesse essa idade teria de ter nascido em 1804, mas existe o registro da Certidão de Batismo feito em 1803.

róquia de Baependy. Em sua casa era de costume a oração diária diante da pequena imagem da Imaculada Conceição, amigos e conhecidos, às vezes, participavam da oração do Terço.

IMACULADA CONCEIÇÃO

Aquela criança de nome Francisca, que, contrita, ajoelhava para orar a Nossa Senhora da Conceição, juntando as mãozinhas, em posição de reza, desenvolveu, ao longo dos anos, uma profunda confiança na Mãe do Céu.

Certamente que, todos os dias, diante da imagem da Virgem da Conceição, Nhá Chica orava por todos os que a ela pediam auxílio, pelos pobres que sempre batiam a sua porta pedindo um prato de comida, pelos que necessitavam de uma palavra amiga, pelos que estavam desesperados por causa de algum problema, pelos que não sabiam o caminho a seguir, pelos que perdiam a fé.

Mantinha a *Serva de Deus* sua religiosidade atrelada à crença na Imaculada Conceição, igual a muitos católicos, "tal foi a crença universal da Igreja em todos os tempos, da qual temos provas e monumentos desde os apóstolos, como, por exemplo, os atos do martírio de Santo André, onde se lê: 'De terra sem mancha foi feito o primeiro homem; assim devia o homem perfeito (Cristo Senhor Nosso) nascer de Virgem Imaculada'. Ainda, porém, que fosse proibido impugnar tal crença, não havia obrigação de fazer a este respeito ato de fé explícita, até que, movido o santo papa Pio IX das súplicas de muitos prelados, Príncipes, Ordem Religiosas e de imenso número de pessoas notáveis na ciência e na piedade, convocou em Roma numerosa reunião"[18], esclarece José Bento Vichi de Paula[19].

[18] Especial para este livro, escrito no dia 12/10/2012, dia de *Nossa Senhora da Imaculada Conceição Aparecida.*

[19] Padre José Bento Vichi de Paula, padre *Bentinho.* Páraco da Paróquia de São Sebastião, Vila Industrial, Diocese de São José dos Campos, SP.

No dia oito de dezembro de 1854, na augusta Basílica de São Pedro, em Roma, o Chefe Supremo dos Apóstolos, circundado de 54 Cardeais, 42 Arcebispos e 98 Bispos, vindos de quase todas as nações, estava diante de uma multidão, que, mesmo contrita, ansiava pela celebração. A solenidade tornou-se tão popular que milhares de cristãos foram à cidade de Roma acompanhar de perto o pronunciamento do Pontífice.

O papa Pio IX, os cardeais, os arcebispos, os bispos e toda a grande assembleia prostraram-se de joelhos, invocando o Espírito Santo... O sublime hino foi repetido por cinquenta mil vozes ao mesmo tempo, subindo aos Céus como imenso concerto. Uma verdadeira festa na Terra e, também, uma grande festa no Céu. "Os Anjos das Igrejas estão presentes como testemunhas de fé de seus povos na Imaculada Conceição" (ibid.: 501).

O cântico foi finalizado. Quietude na cátedra de Pedro. De repente, ergueu-se o Pontífice, que, com a face iluminada por um raio celeste, "visível efusão do Espírito de Deus", e emocionado, não conseguiu conter as lágrimas ao proclamar solenemente que a *Imaculada Conceição de Maria*, daquele dia em diante, fosse para os cristãos dogma de Fé:

> Declaramos, pronunciamos e definimos que a doutrina de que a Bem-aventurada Virgem Maria, no primeiro instante de sua conceição, por singular graça e privilégio de Deus Onipotente, em atenção aos méritos de Jesus Cristo, Salvador do gênero humano, foi preservada imune de toda mancha de culpa original. Essa doutrina foi revelada por Deus e deve ser, portanto, firme e constantemente crida por todos os fiéis (ibid.: 501).

Ficou estipulado que, "desde aquela hora, renunciaria a ser filho da Igreja quem duvidasse deste dogma" (Vichi de Paula).

A cidade de Roma estava em festa; o canhão do castelo de Santo Ângelo e todos os sinos da cidade anunciavam a glorificação da Virgem Imaculada Conceição. Em todo o mundo, jubilosos cristãos festejavam com cânticos, coroações, missas e orações (*Clá Dias: 502). Enquanto que na humilde casa, à rua das Cavalhadas, naquela pequena cidade do Sul de Minas, uma Serva de Deus conversava intensamente com sua "Sinhá", em colóquios de Amor pela humanidade. Era uma Santa escutando o que sua Serva dizia!*

A Virgem Imaculada Conceição tornou-se dogma de Fé somente em 1854, mas, na crença de Francisca de Paula de Jesus, essa doutrina era uma Luz que sustentava suas orações há muitos anos. Em sua simplicidade de participante de grande Fé, ela se colocava sempre: "Vou ouvir Nossa Senhora" (Pelúcio: 146), dirigindo-se à Imaculada Conceição.

CIDADE DE BAEPENDY (1856)

A villa de Baependy prosperava. Em 1855, foi criada a lei n. 719, de 16 de maio, a qual dispôs que os "municípios de Baependy, Ayuruoca e Christina formarão a Comarca de Baependy" (Pelúcio: 176).

No ano seguinte, no dia dois de maio de 1856, a Assembleia Legislativa Provincial decretou e sancionou a lei n. 759, que elevou a villa de Santa Maria de Baependy à categoria de "cidade", passando a ser chamada de *Baependy*.

Cidade onde o respeito às tradições religiosas sempre foram acolhidas com atenção, dedicação e carinho pelos baependyanos, que conviviam pacificamente sob o pastoreio do padre Custódio de Oliveira Monte-Raso, então pároco da cidade.

III

HERANÇA DE AMOR

MORTE DE THEOTÔNIO (1861)

Na comunhão da "palavra", Nhá Chica acolheu que existe uma diferença entre a mulher casada e a virgem. "A solteira cuida das coisas do Senhor, para ser santa, tanto no corpo, quanto no Espírito" (1Cor 7-34). Essa santidade consistia, para Nhá Chica, em uma vida casta e religiosa, aceitando a recomendação de sua mãe em viver solitária. "Seguindo esse conselho, ella não deixou a casa onde vivia, recusando o convite do irmão que a chamava para sua companhia" (Monat: 93), mas manteve, depois da morte de Izabel Maria, a união fraternal com seu irmão Theotônio.

No começo daquela década de 1860, Theotônio, irmão de Francisca, casado com dona Eliodora Maria de Jesus, encontrava-se muito doente. Recebeu toda a atenção necessária vinda de sua esposa e, provavelmente, de sua irmã. É imaginável a preocupação e o empenho de Nhá Chica pelo restabelecimento da saúde de seu irmão. Mesmo possuindo recursos materiais, para remédios, médicos e tratamentos, e recursos espirituais, provenientes das orações dos confrades, eleitores, políticos, do clero, dos amigos, vizinhos, parentes, da esposa e das irmãs (especialmente de Francisca de Paula), quis o Senhor Deus levar Theotônio. O irmão de Nhá Chica faleceu em Baependy, sem deixar filhos herdeiros.

> Aos dois de abril de mil oito centos e sessenta e hum, nesta cidade, falleceo com todos os sacramentos o Ten.e Theotonio Per.a do Amaral, casado com Leodora Maria de Jesus, e foi solemnem.e sepultado, com officio fúnebre, no Cemitério Geral, de que p.a constar faço este, que assigno.
> O Com.o Vig.o Joaquim Gomes Carmo[1].

Com a morte de Theotônio, desaparecia, também, um pouco da genética de Maria Joaquina Felisarda, sua avó, e Izabel Maria da Silva, sua mãe. Sua morte foi um pesar a mais na vida de Nhá Chica. Ele sempre esteve a seu lado, visitando-a e sempre desejando que ela fosse morar com ele; foi irmão dedicado que se casou tardiamente.

Theotônio escalou os altos graus do poder judicial, militar, político e comercial em Baependy, além de sua participação constante nos eventos religiosos. Era destaque em qualquer situação. Enquanto ele galgava os degraus da escada terrena, sua irmã escalava os degraus da escada celeste. A mãe, Izabel, soube direcionar a vida dos filhos. Notáveis em suas determinações, possuíam o timbre forte dos descendentes de Maria Joaquina Felisarda.

Eram unidos pelo laço fraterno da irmandade sanguínea, mas a disparidade ficou por conta da necessidade de cada um. Theotônio firmou-se perante a sociedade com seu desempenho socioeconômico e religioso; era respeitado. Conquistou o poder monetário, condição que garantia liberdade, e adquiriu certo tesouro em casas, comércio, ouro e dinheiro. Francisca aprendeu que existem certas coisas que não têm preço, que nenhum dinheiro no mundo pode comprar o "tesouro" do Céu. Conquistou, a cada dia, a pureza de "saber ouvir e falar com sua Sinhá", a Virgem da Conceição.

Theotônio sentia-se responsável por sua irmã, amava-a muito e, por causa desse amor, aceitava a relutância dela em morar com ele, preferindo uma vida solitária, em uma casa humilde. Por causa desse amor,

[1] Arquivo da *Cúria Diocesana de Campanha*, MG.

dessa vontade de que sua irmã tivesse pelo menos um pouco do que ele teve, fez dela sua herdeira, no intuito de ela desfrutar dos bens que ele adquiriu e ter condições de viver com comodidade para o resto da vida. Ela poderia morar em uma grande casa, ter empregados para seu auxílio, ter lindos vestidos feitos pelas melhores costureiras de Baependy. Podia dar continuidade ao comércio do irmão e, ainda mais, viajar para outros estados e, até mesmo, quem sabe, conhecer outros países.

Consta, no *Livro de Registro de Inventários*, o testamento de Theotônio Pereira do Amaral, filho natural de Izabel Maria. Deixou registrado que era Católico Apostólico Romano e afirmou que foi com fé católica que viveu e que era com essa mesma fé que ele morria. Deixou para sua esposa, dona Eliodora, dois contos de réis, casa e mobília; especialmente porque ela tratou dele durante o tempo em que esteve enfermo. E, justamente, fez de sua irmã Francisca de Paula de Jesus sua "herdeira universal".

Ao receber a herança, Francisca pagou à Renda Provincial o Imposto de 1:468$834 (um conto, quatrocentos e sessenta e oito mil, e oito centos e trinta e quatro réis), uma significante quantia.

Em seu testamento, Theotônio fez constar que, além de Francisca de Paula de Jesus, ele tinha "outra irmã, Maria Joaquina, que forçosamente seria filha do mesmo pai" (Cadorin; Pinho; Nicoliello, 2004: 29), reconhecida em testamento.

Theotônio desejava que Nhá Chica recebesse e desfrutasse dos bens que ele havia acumulado durante anos. Tentou várias vezes fazê-la sucumbir à vontade dele. Queria que ela morasse em uma casa mais espaçosa e, também, que tivesse: vestidos lindos, joias raras e alguns serviçais; e ela sempre se esquivou.

Bem possível que as lembranças desses pedidos do irmão falaram alto no coração de Francisca. Mesmo que, de um lado, o coração dizia que fez o certo em aceitar viver na sobriedade de uma humilde vida cristã, de outro lado ficou a lembrança de Theotônio, sempre querendo que ela vivesse com fartura de bens materiais. Ainda bem que a consanguinidade formou os elos do bem entre Izabel, Theotônio e Francisca; abençoados pelo convívio do amor cristão.

Chico de Assis

Algo igual aconteceu ao Francisco... o de Assis, quando se viu tomado por uma briga interior. Narrou a seu amigo-irmão Leão que dentro dele havia uma luta entre a treva e a luz, entre as lembranças de seu pai e as de sua mãe, "o primeiro grita: 'Ganha dinheiro e enriquece, troca seu ouro por brasões'", enquanto o segundo falava, baixinho, "para que meu pai não possa escutar: 'sê bom, meu Francisco. Ama os pobres, os humildes e os deserdados'" (Kazantzakis, 1986:23).

Chica de Baependy

Francisca, a Paula... a que é de Baependy, também ouviu duas vozes: a do irmão, querendo que ela tivesse uma vida de riquezas, e a da mãe, Izabel, ecoando por mais de quatro décadas, pedindo à filha: "Vida sóbria, para melhor praticar a caridade cristã". Em seu coração, venceu o eco das palavras maternas.

AOS PÉS DE NOSSA SENHORA

Tanto dinheiro acumulou Theotônio, tanta honra ficou estampada em seu peito, tanta religiosidade cultivou nas igrejas, e morreu com apenas 54 anos de idade. Mesmo casado, deixou seu legado para sua querida Francisca, afinal... vivenciaram juntos as amarguras de perder a querida mãe Izabel. Seu coração, provavelmente, estava cheio de lembranças.

Na lembrança da fazenda Porteira dos Villelas, mesmo que Izabel e seus filhos fossem livres, era bem possível que se escutassem as conversas dos africanos em costumes tribais. Ecos africanos soavam como um atabaque, chamando chuva mansa para a alma ressequida de tanta dor da escravidão, pela serra da Mantiqueira, e, como grito de dor, querendo atravessar o oceano de lágrimas dos cativos, procurando ancorar nas praias mansas da África.

A boa lembrança, talvez, ficasse pelo acolhimento suave de Izabel Maria, que acalentava os filhos com um cafuné, com um abraço afetuoso, com um longo beijo na testa. O menino Theotônio, inteligente, amoroso e religioso; a menina Francisca, inteligente, amorosa e religiosa. Ambos tinham os mesmos atributos.

É bem possível que o coração de Francisca não se esquecia do dia em que a família foi em busca de outras paragens, caminhando ritmicamente de Santo Antônio até a villa de Baependy. Francisca não entendia para onde ia, apenas seguia a mãe Izabel, na certeza de que sempre foi cuidada por ela; uma verdadeira confiança! A imagem da Conceição, levada nas mãos, era de barro queimado, frágil, podia quebrar. Como todos que precisavam melhorar a vida, podemos imaginar que a bagagem era quase nada: alguns utensílios, roupas e panos velhos amarrados em uma trouxa. Ali continha todo o tesouro deles, herança de uma vida difícil, uma pequena trouxa.

Depois de tantos anos, pelo menos quarenta e dois anos passados, Francisca se viu em posse de outra "trouxa", que continha o tesouro de uma vida de labuta de seu irmão: casas, roupas, joias, móveis, comércio, utensílios e ouro.

Chico e Chica

Essa trouxa com tesouros fixou-se na alma de Francisca. "A menor moeda de ouro pesa na alma, fica sabendo, impedindo-a de alçar voo!", disse Francisco de Assis em sermão na capela de San Niccoló, Itália (Kazantzákis: 108).

Francisco de Assis narrou para seu amigo, padre Silvestre, a parábola do homem que, durante muitos anos, se esforçou para ver Deus, mas não conseguiu. Até que descobriu que o motivo era um pequeno cântaro, que não conseguiu abandonar. Então, pegou-o e o quebrou em milhares de fragmentos. Após isso "erguendo os olhos, viu Deus pela primeira vez. Padre Silvestre, se queres ver Deus joga fora tua trouxa" (ibid.: 114).

Na caridade e humildade de *Serva de Deus*, Francisca tinha essa sabedoria. Seu discernimento era forjado pela obediência. Suas decisões eram tomadas aos pés da Virgem Maria. A Senhora da Conceição conhecia os anseios da querida filha. Para escalar a santidade, é preciso galgar um degrau de cada vez, *passo a passo*, sem correr, na mais santa paciência.

Devia existir no coração de Francisca outra vontade, a de construir uma capela simples, em homenagem à querida Virgem Maria. Não ousou pegar a herança para esse intuito. Seria fácil demais. A capela seria construída, certamente, em poucos anos, com trabalhos de profissionais de primeira estirpe. Compraria os mais lindos santos esculpidos em madeira de lei. O altar entalhado à mão seria folheado a ouro. Lindos candelabros italianos fariam resplandecer tão magnífica capela. Sim, tudo fácil, seria feito em pouco tempo, pois tinha recurso monetário disponível para essa realização.

Há um discernimento que somente os *Santos* são capazes de ter. Não é encontrado de um dia para o outro, são necessários longos anos de adoração à Santíssima Trindade. Foi com a obediência à Virgem da Conceição, em oração, que Francisca soube o que fazer com a herança.

Francisca reverteu a maior parte de sua herança em ouro, muito ouro. Demorou bastante tempo, meses e meses no intuito de mandar dourar o altar-mor da matriz de Baependy. Primeiro foram feitos os entalhes do altar, todo em madeira de lei. Quando pronto, em 1862, foi a vez da talha dourada[2]. O douramento do altar-mor da igreja matriz de Baependy foi um generoso donativo de "Francisca de Paula de Jesus, conhecida como Nhá Chica Isabel" (Pelúcio: 13), "quando recebeu a herança de seu único irmão, Theotônio Pereira do Amaral, falecido em 1861" (Hansen, 2012).

Altar da igreja matriz Nossa Senhora de Montserrat, Baependi, MG, 2012.

Fragmentou a herança em folhas de ouro. O ouro das lavras das Gerais. Francisca recolheu o ouro disperso, foi ao revés, lavrou com a bateia do despojamento, colheu pepitas grandes e fez com elas uma dádiva ao "Rei dos Reis", ao "Senhor dos Senhores", ao "Pai de Misericórdia"; enfeitou com ouro o Altar Divino, lugar de Sacrifício Sagrado. Quebrou o cântaro, jogou fora a "trouxa", sua alma continuava leve.

Não precisava de nada mais do que isso. Casa? A que tinha era ótima. Empregados? Dava conta de todo o serviço e ainda tinha a contribuição do preto Félix. Vestido novo? Carecia não, pois, mesmo que o dela fosse velhinho, estava sempre asseado, lavado e cheiroso. Dar continuidade ao comércio? Imagine, ela nem sabia ler e escrever. Viajar para outros lugares? Não precisava, pois, aos pés da Virgem Maria, ela conhecia até mesmo o Céu.

[2]Para uma encomenda de talha dourada é necessário o trabalho de vários artesãos sob a orientação de um mestre. A talha dourada é o destaque de ornamentação feita na maioria das igrejas portuguesas. No Brasil, assumiu características nacionalistas durante o século XVII e o esplendor máximo durante o reinado de Dom João V. A talha dourada é uma maneira impressionante de transformar um espaço em um local de luxo e ostentação, pois a madeira é artisticamente esculpida e coberta com folha de ouro.

Na verdade, Francisca, irmã de Theotônio, possuía um tesouro muito maior do que aquele que o irmão lhe deixou. Ela possuía um coração cheio de caridade! Isso bastava. Dessa forma, ficou registrada na história de Baependy que, em 1862[3], durante o paroquiato do cônego Joaquim Gomes Carmo, o altar-mor da igreja matriz foi dourado por dádiva de Nhá Chica.

Francisca, certamente, fez tudo seguindo o discernimento do Espírito, em oração à Senhora da Conceição. Quando abrimos nosso coração ao entendimento, o Espírito sonda todo o ser humano. E no ser de Francisca existia um amor constante a Nossa Senhora da Conceição. Esta foi a verdadeira herança deixada por Izabel Maria para a filha Francisca: a veneração pela Imaculada Conceição. Essa foi a herança da qual Nhá Chica se apossou, com a determinação de uma vida casta, humilde e religiosa.

VENERAÇÃO DA IMACULADA CONCEIÇÃO

Dom João IV jurou defender a *Imaculada Conceição* se preciso fosse, até a morte, segundo se lê na provisão régia de 25 de março de 1646[4]. E, a partir daquele momento, em homenagem à Imaculada e Soberana Rainha, nunca mais os reis portugueses colocaram a coroa na cabeça. "Outro decreto de dom João IV, assinado em 30 de junho de 1654, ordenava que, 'em todas as portas e entradas das cidades, vilas e lugares de seus Reinos', fosse colocada uma lápide cuja inscrição exprimisse a fé do povo português na Imaculada Conceição de Maria" (Clá Dias:

[3] Também, no mesmo ano, foi comprada a belíssima imagem de nossa Senhora das Dores, vinda do Rio de Janeiro.
[4] Foi por provisão de 25 de março do referido ano de 1646 que se mandou tomar por padroeira do reino Nossa Senhora da Conceição. Comemorando esse fato, cunharam-se umas medalhas de ouro de 22 quilates, com o peso de 12 oitavas, e outras semelhantes, mas, de prata, com o peso de uma onça, as quais foram depois admitidas por lei como moedas correntes, as de ouro por 12$000 réis e as de prata por 600 réis.

501). Assim como o rei de Portugal[5], por meio da *Ordem Militar de Nossa Senhora da Conceição* (1646), também Francisca de Paula de Jesus tinha essa crença, antes mesmo que se tornasse um dogma: defendia a *Imaculada Conceição.*

Para difundir essa devoção, o rei de Portugal "mandou cunhar a Imagem de Nossa Senhora da Conceição sobre o globo e a meia-lua, e nos lados, o Sol, o espelho, o horto, a casa de ouro, a fonte selada e a arca do santuário (1648)[6]" (Torres, 1904:122). Nossa Senhora cunhada em prata e *ouro.*

Moedas cunhadas com a imagem da Imaculada Conceição, Portugal, s/d.

Mostrando seu amor e sua devoção, Francisca de Paula de Jesus ofertou seu *ouro* para sua "Sinhá", mandando dourar o altar do Sacrifício da Santa Missa e, também, onde ficava a imagem de Nossa Senhora de Montserrat, na primeira edificação católica em Baependy; lugar onde as

[5] Em 1589, na freguesia dos Anjos, foi fundada a primeira *Irmandade de Nossa Senhora da Conceição*, em Portugal.
[6] Também, em 1648, o monarca D. João IV, Rei de Portugal, mandou cunhar moedas de ouro e prata em homenagem à Imaculada Conceição. Foi com essas moedas que se pagou o primeiro feudo a Nossa Senhora. Com o nome de Conceição, tais moedas tinham no anverso a legenda: JOANNES IIII, D. G. PORTUGALIAE ET ALBARBIAE REX, a Cruz de Cristo e as armas lusitanas. No reverso: a imagem da Senhora da Conceição sobre o globo e a meia lua, com a data de 1648 e, nos lados, o sol, o espelho, o horto, a casa de ouro, a fonte selada e a Arca da Aliança, símbolos bíblicos da Santíssima Virgem.

pessoas iam adorar o Santíssimo e venerar a Santíssima Virgem; lugar onde Francisca participava da missa; lugar que lhe mostrava a força da união religiosa. Na humildade de sua devoção, passou a usar, sempre, um lenço na cabeça e fez de sua casa um tabernáculo permanente, em honra da Imaculada Conceição.

Em comemoração ao dia da Imaculada Conceição, todo dia 8 de dezembro, Nhá Chica "distribuía sequilhos e café às pessoas que apareciam em sua casa" (Pelúcio: 146) para prestar tributos a sua "Sinhá". Também, nesse dia, especialmente, distribuía gêneros alimentícios aos pobres.

No colóquio com sua "Sinhá", em casa, diante da imagem, não precisava de altar dourado. "Trouxe consigo em sua mudança uma pequenina imagem de Nossa Senhora da Conceição, trabalho perfeito, esculpida em barro. Diante dessa imagem, entronizada em tosco e modesto oratório, Nhá Chica fazia suas orações" (Palazzolo: 62). Aquele tosco oratório, em sua singeleza, possuía uma porta aberta para o Céu.

A simplicidade era a mais linda característica de sua devoção, há tantos e tantos anos difundida em seu coração, por sua mãe terrena, Izabel Maria da Silva. Provavelmente, com a bênção papal para essa veneração, o coração de Francisca se encheu de entusiasmo. Ela ansiava um dia dar um belo presente a Nossa Senhora, com um oratório maior, em um lugar de destaque em sua casa, onde as pessoas pudessem ir, também, rezar como ela. Seria um sonho? Sua "Sinhá", certamente, perscrutava o coração da humílima filha.

O INÍCIO DA CAPELA

O "sim", para que esse sonho se tornasse realidade, veio em forma de pedido: Nossa Senhora "queria" uma capela. O humilde coração de Francisca o acolheu. "Um dia, Nhá Chica recebeu manifestação da Mãe de Deus mediante a qual pedia que lhe fizesse uma capela. Como isso requeria muito dinheiro, saiu Nhá Chica pelas vizinhanças em busca de auxílio, que não lhe faltou" (Pena: 06).

Não se importava em não ter mais todo o dinheiro de herança, mesmo que necessário à edificação da capela. Tinha uma pequenina sobra do espólio e lhe valia o mais necessário: ânimo para atender um pedido de Nossa Senhora, que sempre atendia a seus pedidos. Para esse propósito, "outra parte da herança Nhá Chica usou para iniciar as obras da capela dedicada a Nossa Senhora da Conceição"[7].

Quando Francisca ficava sabendo de um faminto, de um doente, de um ser desesperado, orava para que Nossa Senhora pudesse intervir junto à Santíssima Trindade, pelo bem do necessitado. Sempre era atendida. Já fazia algum tempo que as pessoas percebiam essa dádiva.

As pessoas na cidade a chamavam de "Nhá Chica". Criaram um vínculo forte com ela. Sempre que precisavam de ajuda iam até aquela casinha simples, no alto do morro. Debaixo de chuva ou de um sol escaldante, de dia ou de noite, subiam o morro em busca de um alento, de uma conversa amiga, de uma oração junto a Francisca Izabel. Quase todos os dias batiam à porta, ou mesmo, à janela daquela simples casa na Rua das Cavalhadas. Pediam socorro a Nhá Chica, que se prontificava a orar a Nossa Senhora em prol do necessitado. Era, então, a vez de retribuir tamanha dedicação.

Os mendigos apareciam na hora do almoço e no fim do dia. Sempre atenciosa, Nhá Chica lhes dava um bom prato de comida e aproveitava para catequizá-los, infundindo neles o amor divino. Ensinava-os a rezar o Terço e a *Salve, Rainha*. Ela também ia até eles, ao local onde morava a população mais carente da cidade.

A felicidade em ajudar o próximo estampava amor no semblante de Nhá Chica. Ainda mais com a pretensão de uma capela junto a sua

[7] Site: *Diocese de Campanha*; acesso em outubro de 2012.

casa, pois com a capela pronta teria mais tempo para suas orações e suas obras de caridade. "O local para isso escolhido foi o próprio terreno de sua casa, do qual desmembrou um pedaço" (Pelúcio: 146).

No primeiro dia de maio, mês de Maria, Nhá Chica deu o primeiro passo para a concretização desse querer. Em 1865, Francisca de Paula de Jesus pagou a licença de 2$000[8] (dois mil réis) à Câmara de Baependy, para construir uma capela em devoção a Nossa Senhora da Imaculada Conceição. O senhor João Evangelista de Souza Guerra foi quem assinou a petição em nome de Nhá Chica, pois ela era analfabeta.

Com a permissão da construção da capela em mãos, o próximo passo era estocar o material. "Era um empreendimento caro demais para uma mulher pobre daquele tempo. Ela saía, então, pela vizinhança, pedindo auxílio para a construção. Aos poucos, a notícia correu e logo começou a receber de todas as partes esmolas para esse fim."[9]

Tudo que Nhá Chica conseguia com doações, ou comprava, ficava guardado no local de construção, ao lado de sua casa. Inclusive os adobes[10]. Em 1867[11], quando já havia certo ajuntamento de material de construção, Nhá Chica recebeu de Nossa Senhora a ordem para dar início à edificação. Encontrou um oficial de pedreiro e o contratou. Ele logo começou a obra. Quando já estava perto de fazer a sacristia, o mestre da obra disse que os tijolos não bastariam. Nhá Chica, então, rezou e, depois, informou que os tijolos bastariam. Mesmo assim, até o último dia, o pedreiro insistiu em seu prognóstico. Na verdade, "foi a conta justinha, não sobrou um, mas também não faltou um só" (Monat: 94), porque a obra para Deus é justa, na quantia e no tempo certo.

[8] Equivalente a 1/8 de ouro 22 K.

[9] Blog: *A origem de Nhá Chica*, acesso em setembro de 2012.

[10] Adobino ou adobe é um material vernacular usado na construção civil. É considerado um dos antecedentes históricos do tijolo de barro e seu processo construtivo é uma forma rudimentar de alvenaria. Tijolo feito de terra crua, água e palha e, algumas vezes, outras fibras naturais, moldado em formas por processo artesanal ou semi-industrial.

[11] Como constava, antigamente, na inscrição feita no portal da capela Nossa Senhora da Conceição, Baependy.

Com a quantidade certa de tijolos, foi erguida a "capela que media 34m e 35cm de comprimento por 8m e 20cm de largura"[12]. Para ser memorável, em cima da porta principal, "à frente do templo, aberta em curva, tendo a encimá-la a data de '1898'. Marcam tais algarismos, provavelmente, conclusão de serviços; os do início da obra datam 1867" (Pelúcio: 139), época em que o vigário de Baependy era padre Luiz Pereira Gonçalves de Araújo, africano ilustre, "sacerdote, filho de São Paulo de Luanda" (ibid.: 60).

CASAL REAL

Apenas dois anos depois da solene festa do casamento real da princesa Isabel com Luiz Felipe Gastão Orleans, o conde d'Eu[13], o casal entristeceu-se com o amargo prognóstico da esterilidade da princesa. Consultaram médicos e amigos. No Velho Mundo, as curas de esterilidade por meio de tratamento com Águas Minerais eram uma realidade. Seria uma solução viajarem, mas não precisavam ir para a Europa à procura da cura. A estrela brilhante apontava para o sul de Minas Gerais... "inquietos como se achavam o conde e a condessa d'Eu, consultaram o Sr. Visconde de Santa Isabel; estte atendendo ao temperamento lymphatico da princeza a um certo grau de *chloro anemia*... e os symptomas evidentes de um vício herpético, aconselhou banhos frios de água doce, banhos de mar, passeios a pé e a cavallo, mudanças frequentes de localidade, habitação em logares elevados e montanhosos, água de Baependy, preparações ferruginosas e arsenicaes" (*O Cruzeiro*, 27/4/1878).

Água de Baependy era, porém, "a povoação de Cachambú", que pertencia "à freguezia daquella cidade, e que della" ficava a "¾ de légua" (*Almanach Sul-Mineiro para 1874*:403).

12 Blog: *A origem de Nhá Chica*, acesso em setembro de 2012.
13 Casaram-se em 1864, quando a princesa Isabel tinha 18 anos de idade.

A decisão foi bem aceita no reino; e no dia 15 de novembro de 1868, quatro anos depois de seu casamento, "a Princesa acompanhada de seu esposo, Conde d'Eu, do médico Dr. N. Feijó (seu médico pessoal e obstetra da Casa Imperial), do Conde e Condessa de Lages, do Conde de Aljezur (o melhor amigo do Conde d' Eu no Brasil), de alguns fiéis servidores e de algumas mucamas dedicadas, foram em busca da grande cura para sua 'esterilidade'" (Bergonzini, 2011) e deixaram a corte do Rio de Janeiro, às 5h da manhã em trem expresso da estação dom Pedro II rumo a Caxambu, na freguesia de Baependy. A caravana real chegou a Caxambu às 16h30, no dia 17 de novembro de 1868.

Realeza em Baependy

Aceitando o convite feito pelo presidente da Câmara, no dia 24 de novembro, toda a comitiva real foi para a cidade de Baependy, onde já havia uma programação sócio/político/religiosa elaborada para receber tão dignas presenças. As festividades ficaram por conta de: "missa solene", "banquete", "visitas", *Te-Deum,* "beija-mão" e "baile" do Paço da Câmara.

A cidade ficou efervescente de alegria por causa do acontecimento. "Todas as ruas garbosamente enfeitadas e ao som festivo dos sinos das Igrejas, das Bandas de Músicas em desfile pelas ruas, também chegava a Baependy a fina flor da aristocracia da Província Sul Mineira para conhecer a Princesa" (Diário da Princesa).

Durante a "missa solene" o musicista Francisco Raposo[14] cantou o *Te Deum*, deixando a princesa Isabel e o conde d'Eu emocionados. O tenor era conhecido em toda a região como o "Sabiá Mineiro" (*Primeira Fonte*, 05/07/2012).

Dentre as senhoras que recepcionaram a princesa Isabel, em Baependy, as nomeadas para a "visita", consta uma lista de mais de 60 mu-

[14] Francisco Raposo (1845-1905), baependyano: compositor, violinista, professor de piano, regente e tenor, foi condecorado pelo imperador dom Pedro II.

lheres que eram expoentes na sociedade baependyana, parentes[15] de: comendadores, tenentes, delegados, juízes, cônegos, alferes, ex-senadores, barões, deputados e, dentre elas, destacava-se "Dona Heliodora Teotônia (cunhada de Nhá Chica, fundadora da igreja da Conceição, de Baependi)" (Pelúcio: 204). Redigido na lista, de acordo com essa informação, o nome Teotônia equivale ao parentesco com Theotônio, dessa forma, o nome a seguir na lista é: "Dona Francisca Teotônia" (ibid.), o que nos remete a Nhá Chica. Indo ao encontro da informação do propositor da *Causa de Beatificação de D. Isabel, a Redentora*, o professor Hermes Rodrigues Nery[16], o qual, em entrevista para o Instituto Cultural D. Isabel I a Redentora[17], cita que a princesa Isabel "recebeu benefícios espirituais de pessoas santas, como de Nhá Chica, em Caxambu[18]", como consta na lista de mulheres que recepcionaram a princesa.

A princesa Isabel e o conde d'Eu permaneceram em Caxambu por mais algum tempo. Começaram o regresso para Petrópolis no dia 15 de novembro. A princesa voltou animada, vigorosa e, então, conhecedora da vida simples e da paz de Minas Gerais.

[15] Todas as mulheres da lista foram identificadas como parentes de algum homem importante na sociedade baependyana. O autor da lista, provavelmente, não tinha tanto conhecimento das mulheres, pois dona Cloriana Emenaides de Meireles foi inserida à lista como: "dona Coloriana Enout de Meireles (irmã do dr. Enout)", dona Lúcia inserida como "Dona Luiza, mulher do cap. José Inácio (irmã do dr. Jequiriçá)", dona Maria Umbelina inserida à lista como mulher de José Silvério, que possivelmente era, sim, mulher de Antônio Silvério (Pelúcio:203-204). Por essas falhas do redator da lista, presumimos que não era de Baependy e, sim, era o chefe de cerimônia da realeza, encarregado de colher nomes à lista. Por isso a identificação do nome Francisca com o irmão Theotônio (razão social para a escolha), como também foi inserida ao nome das outras mulheres da lista.

[16] Hermes Rodrigues Nery é coordenador do *Movimento Legislação e Vida*, da Diocese de Taubaté, foi Presidente da Câmara Municipal de São Bento de Sapucaí, uma estância climática do interior de SP, entre 2009 e 2010. Recuperou atas antigas do Legislativo, muitas remontando à época do Império. Com as transcrições paleográficas, descobriu que escravos alforriados lutaram na Guerra do Paraguai. Viu também referência a um quilombo, que deu nome a um bairro do município.

[17] Instituto Cultural D. Isabel I a Redentora. O IDII é uma organização não governamental voltada para educação, cultura, valorização da civilização brasileira e preservação da memória dos grandes vultos da transição entre o Oitocentos e o Novecentos, em especial de dona Isabel — popularmente conhecida como "Princesa Isabel" — e dos Grandes Abolicionistas. O Instituto foi fundado em 13 de maio de 2001, movido pela percepção, por parte de um grupo de pessoas, de uma visão distorcida ou até de grande desconhecimento, exibida por brasileiros de todas as classes sociais, a respeito de importantes episódios da História de seu país. Essa ignorância prejudica fortemente o desenvolvimento do espírito de cidadania e de autoestima em grande parte de nosso povo, o que contribui para a manutenção de várias das deturpações sociais e políticas do Brasil atual.

[18] Ficou registrado Caxambu porque era o local onde a princesa Isabel estava em tratamento.

IV

CAPELA NOSSA SENHORA DA CONCEIÇÃO

Chico de Assis

Passando por São Damião para se despedir de Clara de Assis e das Damas Pobres, Francisco, cego, doente, recebeu delas um lindo e humilde presente: uma grinalda de violetas.

O *Pobre de Deus* cheirou as flores e, inspirado, exclamou que a humildade sempre será a mãe dos santos e o berço da fraternidade! No seio da humildade, preparam-se os homens fortes e livres... onde existe a humildade, não há medo. Comovido, proclamou que "uma mulher humilde é uma mulher invencível" (Larrañaga: 356).

Chica de Baependy

A humildade aconchegou-se no coração de Francisca, filha de Izabel, e ali fez morada. A capela não era para ela, e sim para Nossa Senhora da Conceição. Atender um pedido da Mãe era a forma mais humilde de servir a Deus. Em sua condição de Serva, Nhá Chica se fez invencível. Batia de porta em porta pedindo donativos aos amigos e conhecidos, que se prontificavam a auxiliá-la na realização da obra.

A capela de Nossa Senhora da Conceição em Baependy sempre necessitava de algo para sua construção, mas "nem sempre houve colaboração eficiente e generosa para esse novo templo na cidade. Ora faltava isso, ora aquilo" (Lefort: 32). Os anos passavam, e a capela não ficava totalmente pronta; quando uma coisa ficava arrumada, aparecia outra necessidade a sanar. Os pés da Nhá Chica não vacilavam, andavam à procura de donativos.

Conciliando o trabalho doméstico com as providências necessárias para a edificação da capela, Nhá Chica desdobrava-se em atividades com a confiança de realizar sublimes tarefas. Não se queixava de cansaço nem ficava ociosa.

PADRE MARCOS PEREIRA GOMES NOGUEIRA

Na cadência do passo diário, tornando-se rotina das horas, os anos foram passando, e a Serva de Deus, Nhá Chica, dedicava-se na empreitada de construir a capela em homenagem a Nossa Senhora da Conceição, quando assumiu a paróquia de Baependy o jovem padre Marcos Pereira Gomes Nogueira, em 2 de fevereiro de 1871.

Sua vocação ao sacerdócio veio-lhe quando era aluno no colégio de monsenhor Luiz Pereira Gonçalves de Araújo, ao receber conhecimento de teologia dogmática. Foi com o consentimento do honrado bispo dom Antônio Ferreira Viçoso, conde da *Conceição*, que o jovem Marcos Nogueira entrou para o seminário. Foi ordenado padre no dia 18 de abril de 1870.

Uma sólida amizade firmou-se entre padre Marcos e Nhá Chica, tanto que ele a tinha em alta consideração. Em alguns documentos por ele redigidos, sempre a tratava por "dona" Francisca, mostrando estima, já que essa forma de tratamento quase não era empregada na época. Nhá Chica fez de padre Marcos seu confessor.

Um dos dons de padre Marcos era a oratória. Seus sermões possuíam muita riqueza e deixavam os fiéis baependyanos atualizados a respeito da Igreja católica. Estava sempre disposto a falar com esmero, porém de maneira coloquial, a fim de esclarecer seu pastoreio.

Sacerdote dotado de grande criatividade e de notável inteligência, Marcos Nogueira, a partir de 1872, fez muitas mudanças na decoração e arquitetura da matriz de Nossa Senhora do Montserrat. O jovem pároco, de apenas 25 anos, recebeu a ajuda de voluntários, e, aos poucos, a igreja matriz começou a ser reformada e redecorada. A princípio, foram feitos reparos na nave, "esses serviços custaram mais de três contos de réis, importância que foi coberta por meio de esmolas e comutações de festas" (Pelúcio: 62).

O talento artístico do jovem padre foi revelado nos trabalhos de talha em madeira, executados na igreja matriz de Baependy, onde o "inspirado escultor criou e executou os trabalhos em talha do transepto da nave central com a ajuda de operários da região, além da construção das capelas e reformas gerais"[1].

Enquanto isso, Nhá Chica, em sua humildade, *passo a passo*, zelava pela construção da capela Nossa Senhora da Conceição.

Foi um período de efervescência a construção e reforma de templos na cidade de Baependy. Existiam "duas igrejas em reconstrução e duas construindo-se, as primeiras dedicadas a Nossa Senhora de Monte Serrate, padroeira (matriz), e a Nossa Senhora do Rosário; as segundas consagradas a Nossa Senhora da Boa-Morte e *Nossa Senhora da Conceição*, e um cemitério parochial, fechado e bom, e outro pertence à Irmandade de Nossa Senhora das Mercês" (*Almanach Sul-Mineiro para 1874:396*). A maioria das construções e reformas era patrocinada com o dinheiro dos paroquianos, conseguido por meio de rifas, leilões em festas religiosas, doações em dinheiro ou material necessário à obra.

NOSSA SENHORA É QUEM SABE

Chico de Assis

Para a santificação, o ser humano deve estar em completa dependência de Deus. É como tornar-se um "nada" profundo, um abismo sem-fim das coisas terrenas e ir colocando, aos poucos, *passo a passo*, em oração diá-

[1] Site: *Diocese de Campanha*, acesso em setembro de 2012.

ria, em comunhão com a Palavra de Deus, a prática do Bem. Escutando Deus por meio de tudo que o rodeia, Ele torna-se tão Imenso que explode no coração humano, dando significado a tudo que existe.

Para isso, o humano tem de abrir seu coração para Deus. São Francisco testemunhou a sabedoria de um coração humano pleno de Deus, ao ver o mundo inteiro povoado de Deus. É quando você levanta uma pedra e aparece Deus, olha para as estrelas e encontra com Deus. "O Senhor sorri nas flores, murmura na brisa, pergunta no vento, responde na tempestade, canta nos rios... todas as criaturas falam de Deus, quando o coração está cheio de Deus" (Larrañaga: 375), porque Deus se identifica na Criação.

Chica de Baependy

Lá no alto da Rua das Cavalhadas, um singelo templo obedecia à "história miraculosa de sua construção. É uma capelinha branca, de telha vã, cheia de andorinhas e situada em um dos pontos mais altos da cidade. Chama-se 'a igreja de Nhá Chica', do nome da humílima mulher do povo, que a edificou com as esmolas advindas em gratidão dos favores que espalhava em torno de si" (Nogueira, 1918).

Ao terminar o forro da capela, o pedreiro carpinteiro opinou que ali deveria ter uma bela imagem pintada. Nhá Chica não disse que "sim" nem disse que "não", simplesmente: "Nossa Senhora é que sabe". Recolheu-se em oração aos pés da imagem de Nossa Senhora da Conceição. No fim do dia, antes de o carpinteiro ir embora, ela lhe disse que alisasse a areia no chão do quarto pegado à capela, que servia de sacristia, e levasse a chave depois de trancar a porta. O carpinteiro fez como lhe foi pedido, mesmo sabendo que de nada adiantaria trancar a porta com chave, pois os ratos e gambás frequentemente andavam naquele cubículo à noite. Mas, na simplicidade dele: "Nhá Chica é que sabe". O poder da obediência é o elo que faz surgir a corrente da alegria.

Realmente, ela sabia. Nhá Chica tinha o coração repleto de Deus, em tudo ela via obras da criação abençoadas por Deus. Convivia pacificamente com a natureza em todas as formas.

No outro dia, logo de manhã, ela pediu ao carpinteiro que apanhasse lápis e papel para irem à sacristia. Ao abrir a porta, eles encontraram desenhados na areia uma Custódia sobre nuvens. Trabalho artístico feito pelos roedores noturnos personificados em artistas plásticos[2]. O carpinteiro obedeceu a Nhá Chica, que obedeceu à integridade Divina, que pulsava em seu coração, e deu a ordem ao carpinteiro, mesmo que a ordem parecesse esquisita demais. Nhá Chica era a própria purificação do ser humano, em tudo via cortesia Divina. Ficou imensamente feliz com o "trabalho" dos ajudantes noturnos.

O desenho foi reproduzido na abóbada da capela. "A capela-mor tem suas paredes revestidas de papel, com desenhos dourados; seu teto é curvo, branco, tendo filetes dourados em suas cimalhas laterais. Vê-se, pintada nesse teto, dentro de círculos orlados de azul, uma *custódia*" (Pelúcio: 319). Traços de fé!

PAIXÃO DE CRISTO

Chico de Assis

Certo dia, em Porciúncula, Francisco de Assis passou o dia inteiro acocorado em um canto da choça. Às vezes, escapava-lhe alguns gemidos, momentos em que as dores da Paixão superavam sua capacidade de resistência.

[2] Vários historiadores colocam o acontecido como "desenho traçado misteriosamente".

Ali, com seu hábito tosco, tecido com lã de carneiro, já puído na barra e nas mangas, chegou-lhe a grande revelação: "Os que não sabem do Crucificado também não podem falar do Ressuscitado. Os que não passam pela Sexta-Feira Santa nunca vão chegar ao Domingo da Ressurreição" (Larrañaga, 315).

Chica de Baependy

Também em Baependy, Francisca de Paula de Jesus se despojava do "ser" e do "ter", para ser só d'Ele, do Crucificado. Por intermédio da Mãe, chegava a Deus-Filho. Em sua casa, as portas e janelas estavam sempre semicerradas; especialmente, na sexta-feira, eram fechadas para que a Serva de Deus pudesse meditar a hora da Misericórdia.

Uma das atividades que havia em Baependy era a criação de ovelhas que, tosquiadas, forneciam lã para uma pequena fábrica, onde eram confeccionados chapéus e, também, "alguma baeta, de que fazem uso para vestuário, dos escravos" (*Revista Arquivo Mineiro,1897*); sim, os escravos do sul de Minas usavam uma tosca vestimenta, refugo de lã, a qual chamavam *estopa*. Era de praxe, como se fosse lei dos senhores mais exigentes, para que os cativos fossem reconhecidos.

Mesmo que Nhá Chica usasse sempre o mesmo tipo de vestido, ela era sempre muito asseada. Para isso, toda sexta-feira lavava sua veste. Despojava-se de seu hábito e colocava outro, talvez feito pelo mesmo refugo de algodão, como era usado no traje dos escravos. No aconchego de sua humildade, permanecia o dia todo com a casa trancada, em plena dependência de Deus, "fechada em sua casinha, vestia paupérrima roupa de trabalho e punha-se a lavar as peças de seu invariável vestuário de todos os dias" (Palazzolo: 50). Sim, ela mesma se dava a esse exercício de humildade... "embora tivesse, segundo contam, uma enorme caixa de madeira, contendo lindos cortes de seda e outras fazendas que a presenteavam, como também muitas joias, mas nada usava; só tinha a roupa do corpo, precisando envolver-se em *estopa* para lavá-la", registrou Helena Ferreira Pena[3] (Pena: 13).

Esse ritual de Nhá Chica de fechar-se às sextas-feiras era sagrado, e os que a conheciam entendiam, aceitavam e não a incomodavam. Sabiam que não adiantava, ela não recebia ninguém nesse dia. "Ela tinha, sim, uma grande devoção à Paixão do Cristo. Tanto que dedicava horas à contemplação da Paixão do Cristo. Parece que ela se sentia como em profunda conaturalidade com aquele amor do Cristo que penetrava dentro dela e que, quando rezava, evidentemente se colocava na presença do Cristo"[4], comentou dom Luciano Mendes de Almeida.

Frei Jacinto de Palazzolo, um dos primeiros biógrafos a respeito de Nhá Chica, no livro *A Pérola Escondida*, conjecturou que um dos motivos de ela ficar escondida, o dia todo, era porque não desejava que as pessoas vissem "o efeito do cilício em suas carnes e de outras penitências, certamente praticadas na subida da perfeição cristã, que ela alcançou em grau eminente" (Palazzolo: 50).

ZÉLIA

Uma das mais distintas figuras do império, na época, era o conselheiro João Pedreira do Couto Ferraz[5]. Em visita à linda Caxambu, em 1873, com sua jovem filha, Zélia, resolveu conhecer a "piedosa santinha

[3] Pelúcio faz referência à biógrafa dona Helena Ferreira Pena, no livro *Templos e Crentes*, p.26, dizendo que no altar da igreja matriz de Baependi se encontrava uma pequena imagem de Santo Antônio doada por essa senhora. E padre frei Jacinto Palazzolo em *A Pérola Escondida*, p.126, citou que dona Helena Ferreira Pena, movida pelo amor e admiração, publicou um folheto biográfico de Nhá Chica.

[4] Palestra proferida por dom Luciano Mendes de Almeida na *2ª Conferência do I Encontro de Estudos sobre Nhá Chica*, 21 e 22/05/2004, Baependi, MG.

[5] A partir de 1853 foi secretário do Supremo Tribunal de Justiça e aposentado no Supremo Tribunal Federal.

de Baependy", cuja fama era comentada em todo o sul de Minas. Nesse intento foi até a humilde casa da Serva de Deus.

Piedoso em sua religiosidade cristã, o conselheiro quis saber o que o destino reservava para sua amada Zélia. Jovem com apenas 15 anos, certamente, teria um futuro brilhante, pois era muito bonita e precocemente inteligente.

Zélia, aos 19 anos de idade.

Zélia recebeu primorosa educação científica, artística e literária. Tendo predileção para o estudo dos idiomas[6], dominava corretamente o francês, inglês, espanhol e italiano; também conhecia o alemão, latim e grego. Possuía distinta hierarquia e foi educada dentro dos fundamentos da Igreja Católica Apostólica Romana. Dava aula de catecismo na Chácara da Cachoeira, onde morava com seus pais e irmãos.

Pai e filha participaram da missa na capela de Nossa Senhora da Conceição e, certamente, comungaram. Não era comum a Comunhão diária naquela época, mas "Zélia sabia conseguir a licença de comungar três vezes após cada confissão e, assim, com piedoso artifício, amiudava as confissões para unir-se mais vezes à Sagrada Hóstia" (Castro: 49). Depois da missa, ao orar a sua querida "Sinhá", Nhá Chica lhes apresentou a previsão a respeito da vida de Zélia: *Esta moça vai se casar, terá muitos filhos, depois será toda de Deus Nosso Senhor*. O Conselheiro ficou um pouco perplexo: "Ninguém duvidaria do casamento de Zélia, tão ricamente prendada, mas absolutamente imprevisível era o resto da profecia" (Palazzolo: 107).

[6] Aos 14 anos traduziu do italiano para o português a obra de Cesare Cantu *Il Giovinetto*, que publicou sob o título de *O Adolescente*, em livro de 250 páginas, que o ofereceu ao imperador dom Pedro II, que a gratificou com uma carta.

Eis um soneto composto pelo conselheiro João Pedreira do Couto Ferraz, por meio do qual prestou homenagem a *Nhá Chica*:

Mulher humilde, tu és mais que humana:
Vives na terra e já estás nos Céus!
O teu poder a dum profeta irmana.
Lendo o futuro, rompes os densos véus.
Se a Virgem rezas, o moribundo sara!
Pedes por muitos e te atende Deus.
Qual é a fonte que Ele irmana?
Qual a razão dos privilégios teus?

Ah! Já conheço é a Virtude Trina?
Tens a ESPERANÇA do verdadeiro crente,
A FÉ robusta que jamais declina.

Tens a CARIDADE! Essa flor olente
Mora em tu'alma, Virgem, divina!
– Eis o segredo do teu dom ingente.

Com essa vivência de sabedoria, somente aos "puros e simples", foi revelado que Sinhá Francisca recebia amigos, conhecidos e desconhecidos, sempre com palavras de conforto e, depois da conversa, sempre lhes dava a certeza de sua oração.

DEVOÇÃO MARIANA

Em 1877, a capela de Nossa Senhora da Conceição já funcionava com atividades litúrgicas. Durante um sonho, Nhá Chica ouviu Nossa Senhora dizendo que desejava uma coisa para a capela. Manifestou seu desejo à amada filha: "... um órgão para a igreja". Mas Nhá Chica nem sabia o que era aquilo. Decorou o nome da "tal coisa", foi até o vigário, contou-lhe o sonho e perguntou-lhe o que era esse tal negócio chamado "órgão".

Em uma amizade solidificada em vivências religiosas, a humildade impera trazendo alegria aos corações. Com a graça de um amigo, padre Marcos explicou a Nhá Chica o que era um órgão: "Uma coisa muito bonita, um instrumento que se toca nas igrejas e encanta as almas" (Pelúcio: 147).

A música faz com que as pessoas participem da harmonia de Deus, "tendo parte em seu amor e em sua Alegria" (Grün: 135). Sim... esse órgão foi mais um presente de Nossa Senhora para a fiel filha Nhá Chica, mulher simples, que se privava de quase tudo para viver dignamente sua santidade. Ela não precisava privar-se da música.

O vigário ponderou para uma verdade... "Órgão é um instrumento até muito bonito que toca nas igrejas, mas para isso precisa de muito dinheiro!" Acontece que desse conhecimento Nhá Chica estava a par e, até mesmo, já tinha a resposta: "Mas Nossa Senhora queria. Na rua São José, casa 73, no Rio de Janeiro, chegou um assim, disse ela" (Pena: 09). Diante de uma informação tão precisa, assim, não havia o que questionar. Padre Marcos conhecia bem os dons de sua paroquiana.

O pároco fez a conta do quanto de dinheiro precisariam para a compra e o transporte do instrumento. Tão logo Nhá Chica começou a pedir. As doações de dinheiro para a compra do órgão chegavam de toda a parte, dos amigos, conhecidos, fiéis que frequentavam a capela Nossa Senhora da Conceição. Com a quantia necessária em mãos, Nhá Chica informou o padre.

A tarefa da compra do órgão ficou a cargo do melhor músico da cidade. "Em 1877, Francisco Raposo (...) foi incumbido por Francisca de Paula de Jesus, a Nhá-Chica (...), de comprar um órgão para a Capela" (*Primeira Fonte*, 5/9/2012). O maestro logo viajou para o Rio de Janeiro em busca do "órgão de fole francês". Compra feita, hora de despachar a encomenda. O órgão foi transportado de trem até Barra do Piraí e depois seguiu em carro de boi até a capela Nossa Senhora da Conceição, em Baependy.

É bem provável que a alegria transbordou no coração de Nhá Chica por poder atender a mais um pedido de Nossa Senhora, pois a Mãe do Céu, sua querida "Sinhá", sempre acolhia os pedidos de Nhá Chica, que intercedia pelas pessoas que a procuravam. Era missão cumprida.

Marcou, então, a inauguração do belo instrumento, dotado de "32 teclas brancas, entre as 22 de cor negra" (Pelúcio: 140), para quinta-feira, dia de festa, às 15h. Nesse dia, Félix tocou o sino, chamando o povo baependyano para ouvir a música vinda do órgão. As pessoas chegavam de todos os lados da cidade. A capela ficou lotada. Emocionado, o maestro Francisco Raposo sentou-se no banquinho, em frente ao teclado. Silêncio de todos, atenção total. O maestro deu sinal para Félix mover o fole e, logo em seguida, deslizou as mãos sobre o alvo, o teclado... silêncio total do órgão! Tenta novamente... nem uma nota foi ouvida. "O instrumento não funciona. A decepção foi grande" (ibid.: 148).

O silêncio foi quebrado pelos comentários: "Quebraram o órgão, certamente, os solavancos do carro de bois!", diziam uns (ibid.). Que nada... com certeza venderam coisa velha e estragada, diziam outros.

O maestro ficou triste, afinal a compra do órgão tinha ficado por conta dele. Como explicar que ele havia experimentado o instrumento e que estava tudo certo?

Mais triste encontrava-se Nhá Chica, que chorava, cheia de angústia e aflição! (Pena: 10), pois não conseguiu cumprir a vontade de sua "Sinhá", que devia estar muito triste, assim como ela. De repente, Nhá Chica acalmou-se, enxugou as lágrimas e dirigindo-se ao povo, que lotava a capela, pediu: "Esperem um pouco". Tirou suas sandálias de couro e foi prostrar-se aos pés da imagem de Nossa Senhora da Conceição, precisava conversar com sua "Sinhá" (ibid.).

O povo ficou quieto, esperava ansioso, sabia o que significava esse momento. Um colóquio que somente os santos são capazes. Povo simples e acolhedor, devoto de Nossa Senhora, respeitou o momento. Homens, mulheres e crianças compactuavam do momento de silêncio; quietos, esperavam.

Quantos deles que já estiveram ali desesperados, querendo respostas, e viram Nhá Chica prostrar-se daquela maneira, e depois receberam palavras proféticas e alento para a alma.

Não demorou muito, Nhá Chica levantou-se serena e informou a todos: "O órgão, hoje, não tocará; nada lhe falta, está perfeito. Nossa Senhora não quer que ele toque hoje" (Pelúcio: 148). Explicou que, no outro dia, sexta-feira, às três horas da tarde, seria a inauguração do órgão. E, ainda tinha uma novidade, Nossa Senhora queria que entoassem a ladainha.

Toda sexta-feira era dia em que Nhá Chica se recolhia, não atendia às pessoas, nem mesmo abria a porta da casa. Dia em que ela se consagrava à meditação, penitência, oração e trabalho. Ainda mais no horário da Misericórdia. Três horas da tarde para ela era sagrado. Momento de ficar junto de Nossa Senhora da Conceição. Nesse horário, Nhá Chica ficava aos pés de Nossa Senhora, fazendo-lhe companhia na dor.

Nossa Senhora é Mãe atenciosa, quis que o órgão tocasse em uma sexta-feira, às três horas da tarde, provavelmente mostrando a sua filha Nhá Chica que reconhecia os favores que ela dispensava a Jesus. Um presente que Nhá Chica nem pensava em receber. Aliás, preocupava-se mais em atender ao pedido de Nossa Senhora da Conceição e aos dos que buscavam ajuda, do que com si mesma.

No dia seguinte, Félix novamente badalou o sino festivamente chamando a população de Baependy para comparecer à capela. Dessa vez, vieram mais e mais pessoas, inclusive curiosos para ver o desempenho do órgão. Do mesmo jeito anterior, o maestro Francisco Raposo deu sinal para Félix acionar o fole, e, no momento em que deslizou as mãos no teclado, um harmonioso som do órgão encheu de alegria todos os corações. Os fiéis, como em um hino de ação de graças, cantaram a *Ladainha a Nossa Senhora*.

Sentada no banco de madeira, Nhá Chica, de novo chorou, mas, dessa vez, de emoção. Era sexta-feira, três horas da tarde, horário em que sempre chorava a dor pela Paixão de Jesus; naquele dia, atipicamente, chorou de alegria (Pena: 11).

O momento foi muito significativo para a população baependyana, especialmente para Nhá Chica. A partir dessa data, todas as missas solenes tinham acompanhamento musical.

> Teve logar no dia 8, na pitoresca capella de N. S. da Conceição, a festividade de seu Orago, cujo esplendor; não só nas novenas, que foram acompanhadas de órgão, como no dia da Virgem, satisfez os religiosos esforços dos dignos festeiros que, pela segunda vez, a promovem (*O Baependyano*, 13/12/1878).

O arranjo do coro era realizado pela corporação musical do senhor Egídio Quirino Corrêa, e o maestro Francisco Raposo Lima realizou os solos mais difíceis, em acompanhamento à simpática voz da senhora Hermínia Pereira de Magalhães. Favorecida pela acústica de uma capela, que era bem menor que a da matriz, sua voz sobressaía.

Maestro Francisco Raposo, Baependi, MG, s/d.

O órgão patrocinou momentos de alegria musical aos que participavam das missas. O maestro Francisco Raposo ficou conhecido como o "morador em Baependy, por suas bonitas producções executadas" no órgão durante as missas (*O Apóstolo*, 23/11/1894).

MISSA NA CAPELA

O BAEPENDYANO

ANNUNCIOS

†

D. Marilza Candida Nogueira de Carvalho, (auzente) e seus filhos mandão celebrar 2 missas nos dias 10 e 11 do corrente por alma de seu prezado espozo e pai, o Capm. Francisco Antonio de Carvalho e Mello, sendo uma na Matriz as 8 horas da manhã, e outra na Capella de Nossa Senhora da Conceição as 8 horas, e rogão o caridozo obsequio de assistirem este acto de religião e caridade; e desde já confessão eternamente gratos.

Baependy, 6 de Dezembro de 1880.

MUITA ATTENÇÃO.

Todos os devedores da firma de CARLOS NOGUEIRA & IRMÃO, em liquidação, sirvam-se vir pagar suas contas, ha muito vencidas, até o dia 10 do p. mez, do contrario faremos liquidação judicial; isto entende-se com todos, não havendo excepção de pessoa alguma.

Por diversos motivos não podem protellar seos negocios, por isso esperão que sejão attendidos n'este mais que justo pedido.

Baependy, 25 de Novembro de 1880.

CARLOS NOGUEIRA & IRMÃO, em liquidação.

LIVROS DE LEITURA

Anúncio.

Na capela de Nossa Senhora da Conceição, no alto da Rua das Cavalhadas, havia: missas, batizados e casamentos, além de atividades religiosas, como: rezas de Terço e festividades santas.

Algumas famílias enlutadas faziam questão que a missa pela alma de seu ente querido fosse celebrada na capela de Nossa Senhora da Conceição:

> Dona Marilza Candida Nogueira de Carvalho, (auzente) e seus filhos mandão celebrar 2 missas nos dias 10 e 11 do corrente por alma de seu prezado espozo e pai, o Capm. Francisco Antonio de Carvalho e Mello, sendo uma na Matriz às 8 horas da manhã, e outra na Capella de Nossa Senhora da Conceição às 8 horas, e régio o caridozo obsequio de assistirem a este acto de religião e caridade; e desde já confessão eternamente gratos (*O Baependyano*, 5/12/1880).

Com o passar dos anos, visto que a Capela foi erigida aos poucos, a devoção à Imaculada Conceição ficou ternamente difundida na cidade de Baependy. Por intermédio de Nhá Chica, muitos se tornaram devotos de Nossa Senhora da Conceição. Em agradecimentos por graças recebidas, voltavam à capela para as orações pessoais, participar das missas, acender velas, levar flores e olhar com alegria para a imagem, que foi entronizada ao fundo do alto do altar-mor, "em nicho pintado de azul, dosselado, está a imagem da Virgem da Conceição. É pequena essa imagem; tem um anjo aos pés, e suas vestes de azul são ornadas com desenhos dourados, cobertos, finalmente, por uma capa de cetim ou seda azul, com filetes prateados" (Pelúcio: 142).

Dentre os fiéis que agradeceram a intercessão de Nhá Chica junto a Nossa Senhora da Conceição, constou a figura ilustre de Antônio Martiniano de Silva Bemfica, que, em janeiro de 1880, compôs um hino à Imaculada Conceição.

Em sinal de gratidão à Imaculada, esse hino foi publicado no jornal *O Baependyano* de 15 de fevereiro do mesmo ano: "Offereço estas rhimas à Exma Sra. Dona Francisca Izabel, *virtuosa baependiana*, a quem consagro estima e respeito".

HYNNO À IMMACULADA CONCEIÇÃO.

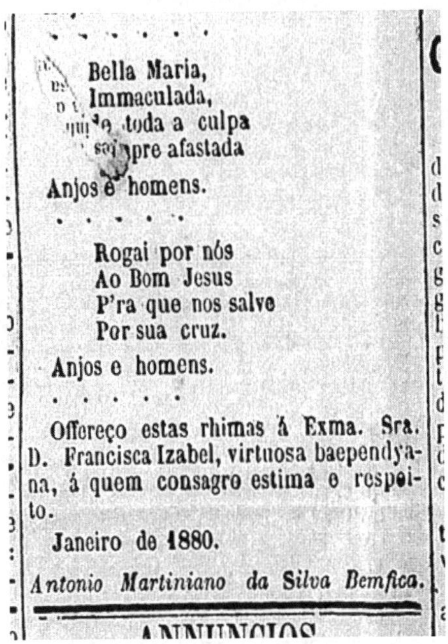

Bella Maria,
Immaculada,
[illegible] toda a culpa
[illegible]pre afastada
Anjos e homens.

Rogai por nós
Ao Bom Jesus
P'ra que nos salve
Por sua cruz.
Anjos e homens.

Offereço estas rhimas á Exma. Sra. D. Francisca Izabel, virtuosa baependyana, á quem consagro estima e respeito.

Janeiro de 1880.

Antonio Martiniano da Silva Bemfica.

Hino a Nossa Senhora.

Anjos e homens
A Deus louvai;
À virgem Santa,
Anjos cantai.
Grande portento
Sua conceição
Foi bella aurora
da redempção.
Anjos e homens

....

Ella é espelho
di'no em pureza
de cujo brilho
Vem-nos defeza.
Anjos e homens..

....

Tambem é astro
d'infinda luz,
Que é seus devotos
Ao céo conduz.
Anjos e homens.
....
A Mãi de Deus
Em virgem pia;
Pois que nas trevas
Nos alumia.
Anjos e homens.
....
Ella nos livra
de fatal erro,
Tambem mitiga
Nosso desterro.
Anjos e homens.
....
Bella Maria,
Immaculada,
de toda a culpa
sempre afastada.
Anjos e homens.
....
Rogai por nós
Ao Bom Jesus
P'ra que nos salve
Por sua cruz.
Anjos e homens.
....

Antonio Martiniano de Silva Bemfica

Humildemente, a Serva de Deus, Nhá Chica, alimentava-se do Santo Evangelho. A comunhão da palavra era alimento para sua alma. "Ela se nutria da Palavra, uma vez que ela mesma não podia se dar a Palavra. Devia ser uma experiência bonita e gratificante porque, para ela, ter alguém que lesse a palavra era quase da ordem da necessidade material de alimento, porque, senão, se morre de inanição"[7] (Ribeiro). A cada palavra que Francisca escutava, encaixava os desígnios pelos quais se propôs viver. A *Palavra Sagrada* tornou-se combustível para sua vivência diária.

A Igreja convida-nos a duas regras fundamentais: fidelidade à Palavra de Deus, expressa pela entronização do Evangelho, e docilidade ab-

[7] Nilo Ribeiro Júnior, especial para este livro, em setembro de 2012.

soluta à ação do Espírito Santo (Häring: 67). Com esse entendimento, Nhá Chica ficou ciente da Palavra por meio dos Evangelhos e conviveu com a Docilidade Absoluta do Espírito Santo, por meio de sua veneração a Nossa Senhora.

A Imaculada Conceição traz em si o *Verbo Encarnado*, obra do Espírito Santo, fonte de doçura para os que creem, para os que têm Fé, igual sua querida filha, Nhá Chica.

O eco de cada Palavra criava um cânion de Amor em Nhá Chica e lhe dava a certeza de que estava no caminho certo. O Evangelho era a fonte de toda a sua oração diária. Decorava, repetia, alimentava-se da Palavra, e, com isso, seu espírito ficava saciado de amor divino. "Cristo, o Filho de Deus encarnado, é Palavra e sacramento, uma Palavra tornada audível, uma Palavra que não permanece inacabada e sem eco, mas na qual toda salvação é eficazmente prometida à humanidade, se os homens a aceitarem" (ibid.: 35). Nhá Chica não só aceitou cada Palavra, como também a colocou em prática. Ela acolheu a Palavra que lhe foi lida e percebeu nela a existência permanente do Amor onipotente de Deus. E passou, assim, fazer de sua existência uma resposta adequada àquele Amor.

Com sabedoria, sobre as diversas questões de ordem religioso-morais o padre Bernhard Häring escreveu vários textos, publicados na revista italiana *Famiglia Cristiana*. São artigos que tocam a alma do leitor. Em um deles, *Cristo, Palavra e Sacramento*, ele explicou que "a Palavra última e definitiva dita por Deus ao mundo é *Cristo*, o Verbo encarnado. Nele o Pai revela ao mundo e à humanidade todo o seu amor redentor, santificador, beatificante, justo e misericordioso. Cristo permanece eternamente; é a *Palavra* impreterível que o Pai nos dirige". Pela Palavra somos salvos.

Além da *Comunhão da Palavra*, Nhá Chica tinha a presença constante do Verbo encarnado. À Luz do discernimento e da ciência, que imanava de Nossa Senhora, era conduzida a constante comunhão de Fé.

OS SINOS DA CONCEIÇÃO

Mesmo que seus afazeres tivessem aumentado por, na capela de Nossa Senhora da Conceição, já existirem atividades litúrgicas, o preto Félix sempre estava atento às necessidades de Nhá Chica. Com zelo e carinho, cuidava, inclusive, de entoar[8] os sinos da capela. Sempre que ouviam o bimbalhar dos sinos da capela da Conceição, os baependianos ficavam quietos, procurando decodificar a mensagem: se era aviso de morte, de festa, de novena ou de missa. O sineiro tinha de ser de confiança. Por meio dele os sinos conversavam com os munícipes. Os que sabiam ouvir interpretavam a toada que era magistralmente comandada pelas mãos fortes do velho Félix. Um compromisso constante de amor e dedicação. Sempre que era preciso, Félix ia até a porta, aos fundos da sacristia, que dava acesso à modesta sineira que se galga por uma escada móvel. Aí estavam dois sinos, um maior, fendido, outro menor; ambos mostravam *cruzes*, com relevo em um dos lados e, no outro, o escudo imperial brasileiro e, por meio deles, enviava mensagens ao povo.

O repique era quando o sineiro Félix tocava o badalo com o sino parado. Quando ele girava o sino sobre o próprio eixo e batia o badalo uma ou duas vezes, era o *dobre*. Acontecendo apenas uma vez, era o tal do *dobre simples*; se duas vezes, era o *dobre duplo*. Geralmente, esses toques dependem da quantidade de sinos que existe na igreja e, também, de quantos serão badalados ao mesmo tempo. O toque[9] é resultado da variação das badaladas criando, assim, uma tradição.

Em Baependy, na época, havia, além da capela Nossa Senhora da Conceição, a do Rosário, a da Boa Morte, a da Misericórdia e a igreja

[8] Essa prática remonta ao século XVIII. Os toques dos sinos receberam influência até mesmo da cultura africana, visto que eram os escravos os responsáveis pela tarefa no período colonial. Porém, apesar das variações, os ritmos festivos normalmente são mais rápidos e os fúnebres, lentos.

[9] Hora do Ângelus, A Senhora é Morta, Toque de Cinzas, Toque de Finados, Toque de Passos, Toques de Te Deum, Toques Festivos, Toque de Parto, Toque de Missas, Toque de Natal e Toque de Ano-Novo. Esses são apenas alguns dos toques famosos.

Matriz. O número de sino varia de uma igreja para a outra, assim cada uma tem seu sineiro particular. Todas as igrejas de uma cidade têm no ofício do sino um ritual singular, feito para que a população entenda seu específico bimbalhar.

Os sinos da capela de Nossa Senhora da Conceição não eram muito grandes e ficaram sob a responsabilidade de apenas uma pessoa. Todos sabiam disso, sendo até motivo para comentário no jornal, em 1881: "Bem faz Nhá Chica que só confia seu sino ao amigo Félis (Felix)" (O Baependyano, 27/02/1881). *Confiar o sino* é saber que o recado vai ser enviado corretamente.

Nessa época, José Alberto Pelúcio tinha seus áureos 24 anos de idade. Por causa de seu amor pela cidade de Baependy, registrou poeticamente a singularidade local. Foi na infância que apurou seus ouvidos ao conhecimento do som festivo dos sinos e, na adolescência, já conseguia decodificar as entoadas que repercutiam pelo céu baependyano. Na fase adulta, distinguia o pulsar de seu coração como entoadas festivas, que o incentivavam ao registro dos costumes da cidade; então, seu amor pela terra o fez historiador. Deixou escritos poéticos, essenciais para conhecermos as tradições de Baependy. Crônicas de um baependyano que escutava com o coração e enxergava com os olhos da alma. Pelúcio sabia o valor de armazenar detalhes do cotidiano para que o tempo não levasse tudo embora!

> Do alto da colina suave, onde fica o templo, aqueles sinos, durante anos, têm derramado no espaço notas alegres, sons cantantes que falam ao coração da cidade.
>
> Sinos da Conceição como bem ressoam dentro da alma baependiana!
>
> Quantas recordações deve a mesma guardar daquele alvo santuário! Posto como um ninho, no aclive do terreno escolhido, mirando, no alto da cidade, a população desta para lá se caminha, em tardes inesquecíveis, iluminadas por fantásticos poentes, a fim de assistir às

> festividades do mês de Maria.
> Luzes, flores, incenso, tudo enlevo d'almas!
> Pelos ares frescos daquelas tardes, rolavam os sons cheios de doçura e misticismo, do órgão, levando para as colinas que circundam a cidade, louvores a Maria (Pelúcio: 143[10]).

O historiador/poeta José Alberto Pelúcio, em apurada sinestesia, sabia que os *Sinos da Conceição* entoavam a verdadeira felicidade. Eles eram os responsáveis por harmonizar o coração da cidade, em repiques mágicos, como se fosse o toque festivo do *Glória*, comandado pelos pulsos fortes de um velho ex-escravo chamado Félix. Uma bênção que vinha do alto da humilde Rua das Cavalhadas, em acolhimento ao povo de Baependy.

Os moradores da Rua das Cavalhadas[11] tinham o privilégio de uma linda vista da cidade. Lugar de destaque, no alto de um morro. Ali, brancos, pardos e negros; trabalhadores e desempregados; pobres, paupérrimos e pessoas com algumas posses materiais viviam em harmonia. Amigos vizinhos se ajudavam, compartilhavam frutas do pomar, bolos e quitutes feitos em forno de barro e... a água.

Em frente à capela Nossa Senhora da Conceição, havia um chafariz onde as pessoas tinham acesso à água. Não havia rede de tratamento de água na cidade, mas havia o tão querido líquido. Porém, às vezes, ainda mais no período da seca, no inverno (de junho a setembro), o tão almejado líquido ficava escasso. Para que isso não acontecesse, mesmo em tempo de fartura, no verão, a água tinha de ser controlada.

[10] O historiador José Alberto Pelúcio, baependyano, orgulhoso de sua terra natal, deixou poeticamente a representação do bimbalhar dos sinos entoados pelo ex-escravo Félix. Sua maneira poética de fomentar a cultura baependiana é uma lição para que os historiadores registrem os fatos com o coração. Em 04/09/1949, foi dedicada a Pelúcio, uma herma à praça Raul Sá onde consta: "José Alberto Pelúcio, nascido em 23/4/1857 – falecido em 9/8/1947. Ao que amou Baependi. Comovida homenagem de sua terra".

[11] Segundo monsenhor José do Patrocínio Lefort, o nome rua das Cavalhadas, provavelmente, indicava o lugar onde muitos cavalos ficavam reunidos ou, até mesmo, um folguedo com predominância desses equinos.

Esse controle vinha, até mesmo, em forma de lei. "Fechar a torneira do chafariz", "Não deixar derramar a água quando encher o pote". O desperdício tinha punição. Para isso havia um fiscal, que vigiava os chafarizes na cidade. Em Baependy, os mais procurados eram: em frente à igreja matriz e em frente à capela da Conceição.

Algumas pessoas pediam, ainda mais no tempo de fartura, no período das chuvas, o uso da "sobra" de água:

> Câmara Municipal de Baependy,
> Sessão de 29 de novembro de 1880
> PETIÇÕES
> (...) Outra de Manoel Antonio de Castilho, morador na rua das Cavalhadas, pedindo à camara as sobras da água do chafariz em frente à capella da Senhora da Conceição para a servidão do seu quintal. – Ao fiscal para informar (*O Baependyano*, 16/01/1881).

Especial essa maneira de requerer a água, mesmo que sobrando, mostrando assim educação em atender os mandos de uma lei.

No mês seguinte, dezembro, foi a vez do filho de Manoel requerer as sobras de água.

> Uma petição de Manoel Antonio de Castilho Júnior, pedindo as sobras d'água do chafariz em frente à Igreja de N.S. da Conceição já com informação do fiscal (*O Baependyano*, 1881).

Singular foi a resposta da Câmara Municipal à petição do senhor Manoel Antônio de Castilho Júnior: "Volte ao fiscal para dar informação completa, declarando se realmente há sobras e qual é ella, se por imperfeição ou de defeito, ou por abundância". A água era mesmo um bem para os que podiam contar com uma sobra do Chafariz, uma cisterna em casa ou, até mesmo, à margem de um ribeirão. A Rua das Cavalhadas ficava em uma região carente, no alto de um morro; era de terra, as casas tinham portas e janelas de folhas de madeira, com acesso direto à rua, fechadas com taramelas[12], simples, humildes construções feitas com adobe, cobertas com telhas de barro, do tipo "feitas nas coxas"[13]. Casas simples. Nenhuma delas era murada, porém com o privilégio de que todos se conheciam e eram amigos.

Rua das Cavalhadas, Baependi, MG, s/d.

Para uma melhoria na Rua das Cavalhadas, amigos vizinhos se uniram em prol do bem-estar dos transeuntes e dos moradores. Dentre os que colaboraram, consta a participação de Nhá Chica:

[12] Taramela ou tramela é uma espécie de tranca feita em madeira, com um furo no centro, que é pregada no batente das portas ou janelas, de tal forma que pode ser girada, deixando aberta ou fechada, conforme a necessidade

[13] A produção de telhas feitas, literalmente, nas coxas, teve início no final do século XVI. O método era muito comum até o início do século XIX. Os escravos doentes, impedidos de realizar trabalhos pesados ou, então, as escravas grávidas realizavam uma tarefa relativamente mais fácil. Eram os responsáveis por moldar as telhas em um molde de madeira que tinha o formato de uma coxa. Daí veio a expressão "feitas nas coxas".

> Câmara Municipal de Baependy
> SESSÃO EM 9 DE MAIO DE 1881
> Presidencia do Sr. Coronel Justo Maciel
> (...) O Sr. Capitão Deocleciano aprezentou a conta da despeza feita com o melhoramento da rua da Cavalhada, na importância de 213$200 réis, e bem assim a lista da coadjuvação de particulares para o mesmo melhoramento, e são os seguintes: Manoel Antonio de Mello e Mattos, em custas vencidas que tem de haver com a camara, no processo de João Motta 27$950 réis; o mesmo capitão Deoclesiano, 30$000; José Italiano 6$000. **Dona Francisca Izabel**, 4$000; José Fernandes da Costa Guimarães, 20$000, que já se acham em poder do procurador da camara. Importando esta coadjuvação na quantia de 87$930, abatida esta quantia na importância da despeza, fica por conta da camara, a quantia de 143$250 réis. Foi aprovada (*O Baependyano*, 19/6/1881).

Mesmo que a carência fizesse parte dos moradores daquela região, unidos conseguiam resolver várias questões comuns. Além da utilização das sobras de água, das melhorias na rua, também se apoiavam em caridade e respeito. Se alguém precisasse de algo, o outro ajudava, além de contar com o auxílio de Nhá Chica, que sempre tinha alguma comida na panelinha de ferro, aquecida no fogão à lenha. Os pobres mais pobres e os doentes sempre passavam por ali.

MOVIMENTADA CAPELA

A capela Nossa Senhora da Conceição em Baependy era concorrida para celebrações de batizados, casamentos, missas e novenas, com o primor da zeladoria de Nhá Chica, que sempre mantinha o templo impecavelmente limpo e adornado com flores.

> Desposaram-se: (...) hontem, na capella de N. S. da Conceição o Sr. José Nogueira de Sá e a Snra D. Anna Gertrudes de Magalhães, filha do nosso amigo o Sr. Vicente Pereira de Magalhães (*O Baependyano*, 31/7/1881).

Lugar de estima para uma celebração de casamento, no alto da cidade; no "largo das Cavalhadas, um pequeno trecho de colina, onde está plantado, muito branco e risonho, o pequeno santuário", como definiu poeticamente J. A. Pelúcio. Casar-se naquela capela, que sorria para a cidade, era motivo de felicidade para muitos.

O acesso à capela era por rua de terra, em uma região onde os moradores eram humildes. Mesmo sem o calçamento do centro da cidade, onde reinava a matriz e havia outras capelas, a da Conceição contava com a participação dos fiéis, que veneravam a Imaculada.

Em sua casa, Nhá Chica continuava sua obra de caridade, que consistia em dar comida, remédios e atenção aos pobres. Algumas vezes, era dentro da capela da Conceição que ministrava sua beneficência e bem recebia os pobres e os ricos, sem distinção.

A capela Nossa Senhora da Conceição recebia doações dos moradores de Baependy e região, sendo eles das mais diversas classes sociais, desde os mais abastados até os mais pobres. Quase diariamente, eram ofertados desde um maço de velas até um jarro de porcelana.

Algumas doações ficaram registradas em livros, jornais, cadernos, mas o registro maior foi a eterna gratidão no coração de Nhá Chica. Agradecia a todos que a auxiliaram na edificação e decoração do singelo templo.

Na oralidade do povo baependyano existe o registro do singelo agradecimento de Nhá Chica pela graça que conseguiu, quando a capela se encontrava quase finalizada. Precisava de dignas portas, mas ainda não havia aparecido um doador com essa finalidade.

Até que, certo dia, um fazendeiro, já fatigado da empreitada de procurar um de seus bois, aliás, o melhor deles, resolveu fazer como seus amigos fazendeiros da região, ou seja, consultar Nhá Chica. A gentil *Santinha de Baependy* recebeu-o com atenção e alegria, como sempre fazia. Conversaram e, depois, ela foi diante de Nossa Senhora pedir um alento para aquela causa. Dali a pouco, veio com a notícia de que o tão valioso boi estava a caminho do curral da fazenda, novamente em casa.

O fazendeiro que, até então, andava impaciente de um lado para o outro, acalmou-se. Mais tranquilo, indagou a Nhá Chica qual era a precisão para a capela. Sem sombra de dúvida, o mais necessário era a madeira para o feitio das portas. Ficou prometido pelo fazendeiro que, se verdadeiramente o boi já estivesse no curral da fazenda, levaria a madeira necessária.

O tempo não passou em branco. No dia seguinte, pôde-se ouvir o cantar das rodas de um carro de boi, subindo a Rua das Cavalhadas, levando as madeiras. Mais um donativo vindo de uma graça alcançada com a intercessão de Nhá Chica, junto a Nossa Senhora. As portas ficaram lindas e muito bem colocadas.

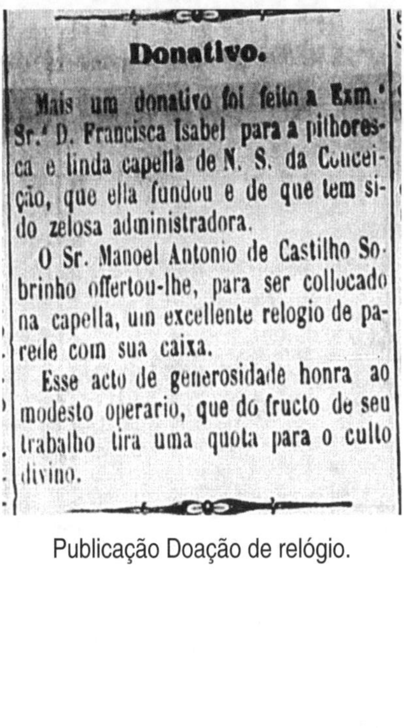

Donativo.

Mais um donativo foi feito a Exm.ª Sr.ª D. Francisca Isabel para a pittoresca e linda capella de N. S. da Conceição, que ella fundou e de que tem sido zelosa administradora.

O Sr. Manoel Antonio de Castilho Sobrinho offertou-lhe, para ser collocado na capella, um excellente relogio de parede com sua caixa.

Esse acto de generosidade honra ao modesto operario, que do fructo de seu trabalho tira uma quota para o culto divino.

Publicação Doação de relógio.

Os fiéis continuavam levando modestos presentes para adornar o templo: velas, flores, vasos e toalhas. Também os mais abastados faziam doações. A todos Nhá Chica agradecia da mesma forma, pois sabia que tanto o mais humilde quanto o mais rico deram o que tinha de melhor. Isso era uma grande graça.

Um dos lustres de metal amarelo, decorado com muitos pingentes de vidro e mangas antigas, diziam ser "oferta do Conselheiro Teixeira Júnior" (Pelúcio: 142), caridoso senhor; iguais a ele homens ilustres doaram imagens, castiçais e... um relógio.

Doação de Relógio para a Capela N. S. da Conceição

Mais um donativo foi feito a Exma Sra Francisca Isabel para a pithoresca e linda capella de N. S. da Conceição, que ella fundou e que tem sido zelosa administradora.

O Sr. Manoel Antonio de Castilho Sobrinho offertou-lhe, para ser collocado na capella, um excelente relógio de parede com sua caixa.

Esse acto de generosidade honra a modesto operário, que no fructo de seu trabalho tira uma quota para o culto divino (*O Baependyano*, 03/12/1882).

V

SANTIDADE EM VIDA

Chico de Assis

Em certo dia, em Roma, Francisco e Leão, abrigados no adro da igreja dos Apóstolos por causa de uma tempestade, olhando a chuva cair, respirando o aroma da terra úmida, uma verdadeira alegria apoderou-se de Francisco, fazendo com que lágrimas molhassem sua face. Amava a chuva; para ele aquela cortina de água era a união do Céu com a Terra. Igualmente a alma humana unia-se a Deus, recebendo a chuva que faz germinar a "Palavra".

A sabedoria dos santos tocou no coração de Francisco. Indagou a seu amigo Leão: "Não sentes as Palavras do Evangelho intumescerem como sementes e germinarem no âmago de tuas entranhas?" (Kazantzákis: 159). E, antes mesmo que Irmão Leão pudesse responder, o *Pobre de Deus* informou que sentia em suas entranhas a germinação de uma *relva nova*. As Palavras Santas brotaram em seu interior.

Chica de Baependy

Diante daquela imagem, herança de sua mãe, Nhá Chica "fazia suas orações, pedia inspiração e aconselhava, consolava e *catequizava*, buscando no coração de Maria, que carinhosamente chamava de 'Minha Sinhá', bálsamo e luz para as almas necessitadas" (Palazzolo: 62).

Os pobres que iam até Nhá Chica em busca do alimento corporal recebiam o alimento da palavra; os que chegavam para pagar promessas ou pedir conselhos escutavam a humilde pregação do Evangelho. Nhá Chica decorou as passagens bíblicas e, delas, fez o sustentáculo para edificar uma Igreja em seu coração.

No teor de uma elucidação a partir do núcleo ideativo "Palavra", o teólogo e filósofo Nilo Ribeiro Júnior nos ensina que: "Mas há uma comunhão 'na' Palavra. Essa é fruto da primeira, isto é, depois de escutar e receber o alimento da Palavra que lhe era dado por outrem, Nhá Chica assimilava a Palavra, e seu conteúdo produzia comunhão com Deus e com os outros. A Palavra passava a significar a própria vida daquela pobre mulher a ponto de ela se tornar ela mesma Palavra viva de Deus para as pessoas que a procuravam e buscavam amparo em sua pessoa-palavra"[1] (Ribeiro).

Dentro dela as palavras/sementes germinaram em um imenso trigal e com ele a "Mãe dos Pobres" fez pão para saciar a fome dos que precisavam de ânimo para continuar a caminhada. Por intermédio da "pessoa-palavra Nhá Chica" tanto os pobres como também os ricos, tinham uma palavra de conforto e uma promessa de oração. Seu carisma era tamanho que a maioria dos que a conheceram voltava para pedir novos conselhos. Fez muitos amigos, e alguns deles só tomavam decisões depois de a consultar, pois a consideravam a *Santinha de Baependy*; todavia, em resposta para quem quis saber quem ela realmente era, respondeu com tranquilidade: "... é porque eu rezo com fé".

Por causa dessa Fé, ao rezar pelas intenções solicitadas, voltava com "um conselho em forma de profecia", anunciando o futuro ou desvendando o acontecido. Dessa maneira, sua fama já era grande pelas casas de Baependy e região, chegando, até mesmo, às cidades mais próximas. Todos queriam uma conversa com a *Santinha de Baependy* e "para todos

[1] Nilo Ribeiro Júnior; especial para este livro, em setembro de 2012.

ela tinha palavras de consolação e de conforto, a promessa de uma oração, a predição do resultado de uma empresa ou um socorro material"[2].

Quando era questionada, ou mesmo quando a veneravam como "santa", ela, humildemente, respondia que, ao rezar com Fé, recebia as respostas da própria Virgem Maria: "Eu repito o que me diz Nossa Senhora e nada mais", deixando todos cientes de que os méritos não eram dela, mas sim de sua Sinhá.

"Com o tempo, a fama de virtuosa cresceu e a tornou por demais conhecida, por sua clarividência e virtuosismo" (Sacramento: 141), extrapolando os limites do sul de Minas, sendo procurada e respeitada por pessoas de São Paulo e, também, do Rio de Janeiro.

Seus dons eram frutos de momentos diários da mais intensa oração. "A oração era a vida dela. E uma oração tão humana que ela falava com Deus. Ela ouvia Deus. Nós diríamos que ela era vidente, de certo modo, é mais do que isso – ela se encontrava com Deus", esclareceu dom Luciano Mendes de Almeida no *1º Encontro de Estudos sobre Nhá Chica*. Porque, ao procurar a Mãe Imaculada, Nhá Chica encontrava-se com Deus Filho, Verbo Encarnado "na" Virgem da Conceição; era quando "Deus se transmitia a ela por um modo tão belo, como uma conversa de uma filha com sua Mãe. Uma filha com a Mãe de Deus".

SENHORA DA CONCEIÇÃO

Chico de Assis

Certa vez, o amigo Leão questionou Francisco a respeito da conversa "calada", a que não tinha a necessidade de mover os lábios e muito menos de soltar a voz. Foi um belo ensinamento feito pelo *Pobre de Deus*:

[2] Site Oficial: *Nhá Chica*; acesso em outubro de 2012.

"Também temos ouvidos, olhos e língua na alma. Eles não são feitos de barro e sim... de fogo" (Kazantzákis: 225). Com eles, as pessoas deveriam ouvir, olhar e falar. Perante tamanha natureza divina, irradiada nesse ensinamento de Francisco, seu amigo e companheiro Leão concluiu que, certamente, era dessa forma "que os anjos conversam no Céu" (ibid.).

Chica de Baependy

Perante a imagem de Nossa Senhora, Nhá Chica se prostrava e, em silêncio, conversava em oração com sua "Sinhá". Ali ficava minutos, horas... Para os que estão em comum união com o Verbo Divino, uma hora ou um século tinha a mesma duração. É quando Deus manipula a areia do tempo, que escorre languidamente dentro da ampulheta de nosso espírito.

Em época em que os escravos e descendentes tinham devoção a Nossa Senhora do Rosário, padroeira dos negros, Nhá Chica tinha predileção pela figura de Nossa Senhora da Imaculada Conceição. "Nossa Senhora da Conceição veio ao Brasil trazida no coração dos missionários. Os aborígenes aprenderam a rezar e a amar a Santíssima Virgem com o Padre Anchieta" (Palazzolo: 61). Essa devoção prevalece no Brasil.

Naquela casinha simples, à Rua das Cavalhadas, esse culto à Imaculada transbordava em Amor e Fé. Era ali que ela recebia todos aqueles que acorriam a seus conselhos e suas orações. Sua casa era a imagem de uma vida pobre e dedicada aos mais necessitados. Catequizava os pobres com ensinamentos cristãos. Também com eles, algumas vezes, rezava o Terço. "E ela, Nhá Chica, encontrava força para fazer o bem, na oração, na contemplação"[3] (Almeida). Recebendo amor e... dando amor!

[3] Palestra proferida por dom Luciano Mendes de Almeida na *2ª Conferência do I Encontro de Estudos sobre Nhá Chica*, 21 e 22/5/2004, Baependi, MG.

ORAÇÕES

Para Nhá Chica, o "Santo Rosário, breviário das almas simples, dividido em 'terços', era sua oração habitual e a todos convidava para rezá-lo em honra à Rainha do Céu" (Palazzolo: 62).

Durante os primórdios do cristianismo, a oração dos salmos era feita diariamente pelos cristãos. Com o passar dos anos, aconteceu dos salmos serem rezados apenas pelos religiosos mais cultos, pois só eles se tornaram cientes do latim (língua na qual estavam escritos os salmos). O latim não era do conhecimento do povo em geral e de alguns monges iletrados.

Instituindo uma oração constante para o dia a dia, alguns monges tiveram a ideia de substituir os salmos (difíceis de serem decorados) por 150 orações do "Pai-nosso". Para facilitar a contagem, utilizavam pedrinhas soltas. Por causa da dificuldade de manter as pedrinhas sempre à mão, resolveram usar uma cordinha com 150 nós. Mais tarde, uniram à cordinha alguns pedacinhos de madeira, dividiram em três o número dos pedacinhos colocados na cordinha, surgindo, então, o terço do Rosário. Muitos anos depois, trocaram os "Pai-nossos" pelas "Ave-Marias".

Somente em 1365 é que foi colocado um "Pai-nosso" a cada 10 "Ave-Marias", e introduziram, em 1470, alguns pensamentos para serem recitados a cada "Ave-Maria". No ano de 1700, São Luís Grignon de Montfort escreveu as meditações pronunciadas antes de cada mistério.

Assim nasceu o Rosário, a maneira popular de celebrar o amor de Deus nas horas do dia, meditando os mistérios de nossa Redenção. A palavra Rosário justifica-se porque cada Ave-Maria é como se fosse uma "rosa".

A oração do Rosário tornou-se bastante popular ao longo dos anos, cada vez mais pronunciada pelos cristãos. No mundo somente sobrevive o que é comprovadamente eficaz, e a oração do Rosário tem sido um instrumento importante e eficiente para muitas pessoas que buscam Deus em seu dia a dia.

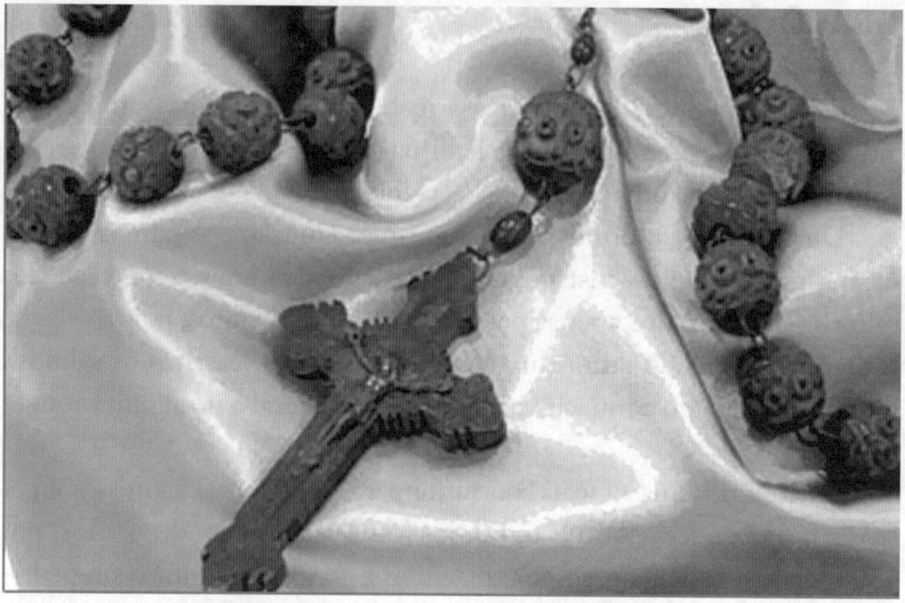

Terço que Nhá Chica utilizava durante suas orações.

SALVE-RAINHA

Salve, Rainha, Mãe de misericórdia, vida, doçura, esperança nossa, salve! A vós bradamos, os degredados filhos de Eva. A vós suspiramos, gemendo e chorando neste vale de lágrimas. Eia, pois, advogada nossa, êsses vossos olhos misericórdiosos a nós volvei, e depois dêste desterro nos mostrai Jesus, bendito fruto de vosso ventre, ó clemente, ó piedosa, ó doce sempre Virgem Maria.

V. Rogai por nós, Santa Mãe de Deus.

R. Para que sejamos dignos das promessas de Cristo.

Folheto distribuído antigamente na Capela de Nossa Senhora da Conceição, Baependi, MG, década de 1970.

Com devoção filiar, Nhá Chica fazia suas orações, especialmente a do santo Rosário. Momento em que tinha nas mãos um grande "terço de contas de madeira, graúdas, bordadas, com a respectiva cruz, também bordada" (Pelúcio: 143), confeccionado em madeira de jacarandá.

A oração preferida de Nhá Chica, porém, era a *Salve, Rainha*. "Súplica suavíssima que, ao mesmo tempo, é cântico de louvor, terna imploração e pranto angustioso dos peregrinos deste 'vale de lágrimas'" (Palazzolo: 63).

A oração Salve, Rainha foi escrita por volta de 1050, na Alemanha, no mosteiro de Reichenau, atribuída ao monge Hermano Contracto[4]. Nessa época, a Europa central passava por diversas calamidades, epidemias, miséria e a sucessiva ameaça dos nômades do leste, que sempre invadiam os povoados, saqueando e matando tudo o que encontrassem pela frente.

Quase um século depois de escrita, entoaram a *Salve, Rainha* na catedral de Espira, Alemanha. Foi quando São Bernardo, conhecido como: *cantor da Virgem Maria*, fez-se presente na catedral. Ao ser concluído o canto da *Salve, Rainha*, com as palavras: "mostrai-nos Jesus, o Bendito fruto de vosso ventre", o silêncio contrito dos fiéis tomou conta do templo. Mas, por pouco tempo, pois São Bernardo gritou sozinho no meio da catedral: "Ó clemente, ó piedosa, ó doce e sempre Virgem Maria..." Então, a partir desse acontecimento essas palavras foram incorporadas à *Salve, Rainha*.

Realmente, a oração *Salve, Rainha* é uma das mais populares entre os católicos. Os marcados por misérias, os *degredados filhos de Eva*, por meio dessa oração, oram *suspirando, gemendo e chorando*, no universo desse *vale de lágrimas*, pedindo auxílio a tão querida *Advogada*, que acolhe com os olhos *Misericordiosos* e leva os pedidos até Jesus, causando um alento para os mais necessitados. É Ela que anima trazendo reconfortantes e consoladoras graças. Sim, Nossa Senhora é a *Mãe de Misericórdia*, é a RAINHA.

Despertar para o significado dessa magnífica oração e saber um pouco da história inerente à criação da *Salve, Rainha*, certamente, faz diferença para o verdadeiro Cristão. Como profetizou dom Luciano: "Talvez aqui vamos rezar mais a *Salve, Rainha*, pensando que era esta a oração querida de Nhá Chica"[5] (Almeida), tanto que, ao rezá-la, a Serva de Deus se desmanchava em lágrimas e, certas vezes, até levitava.

[4] Segunda a crença, quando nasceu frei Contracto e constataram o raquitismo e má-formação do bebê, sua mãe, Miltreed, consagrou-o no leito a Maria, sendo educado na devoção a ela. E, anos mais tarde, foi levado de liteira, por ser deficiente físico, até o mosteiro de Reichenan, onde, com o tempo, chegou a ser mestre dos noviços.

[5] Palestra proferida por dom Luciano Mendes de Almeida na *2ª Conferência do I Encontro de Estudos sobre Nhá Chica*, 21 e 22/05/2004, Baependi, MG.

MÃE DOS POBRES

Chico de Assis

Andando perto de Assis, Francisco parou para colher ervas e cheirá-las: tomilhos e alecrins. Sentiu-se embriagado pela alegria de poder fazer isso. Graças a sua pobreza e suas andanças pelos campos e pelas florestas, não se preocupava com o que ia vestir, com o que ia comer, onde ia morar e onde guardar seus pertences. Nada tinha de material, com isso, sentia-se livre.

Ditou para que o amigo Leão escrevesse os sentimentos que lhe brotavam na alma: "Só os pobres participarão da embriaguez da terra e das maravilhas do mundo. Só os pobres vão saborear as guloseimas do Pai. Que sorte ser pobre por amor!" (Kazantzákis: 350).

Chica de Baependy

A determinação dos santos é servir a Deus. Eles sabem que isso só é possível servindo os pobres! Cuidar dos necessitados, dando comida, ofertando agasalho, distribuindo remédio, é tarefa fácil para quem dispõe de bens a seu favor, é ponto de caridade. Porém, cuidar dos necessitados, dependendo da providência diária... é ponto de santidade.

> Nhá Chica era uma alma inteiramente devotada a Deus e daí decorria a solicitude com que auxiliava material e espiritualmente os pobres. (...) São inúmeros os fatos registrados por aqueles que se ocupavam dessa figura singular, nos quais transparece sua caridade heroica para com os necessitados. Dos contemporâneos mereceu Nhá Chica os títulos expressivos e honrosos de "muito esmoler" e "Mãe dos pobres (Palazzolo, 1973:59).

A biógrafa Helena Ferreira Pena escreveu, em *Francisca de Paula de Jesus, Nhá Chica,* que, em um determinado dia da semana, Nhá Chica convidava os pobres e os demais moradores de um lugar na periferia de Baependy, chamado Cavaco, para fazerem orações à Virgem da Imaculada Conceição. Quando terminavam, a Mãe dos Pobres repartia alimentos com eles, que, acostumados com essa partilha, já levavam suas vasilhas. "E era assim: 'Recebia esmolas e dava esmolas'; chamavam-na 'a *mãe dos pobres*'" (Pena: 06).

Os pedidos eram muitos, e a todos ela correspondia com amor. Doava o pão material e, também, o pão espiritual. O material, necessário para o sustento do corpo; e o espiritual – a oração –, para o sustento da alma. "Ela se sentia feliz fazendo o bem, ninguém ia a ela que não recebesse uma palavra, um pouco de tempo, um conselho, quem sabe até uma sopinha, um pedaço de pão"[6] (Almeida). Tinha a caridade de quem sabia escutar, falar e... dividir.

A grandiosidade de Nhá Chica possuía raízes fortes, agarradas à terra adubada chamada FÉ. Convivia diariamente com suas necessidades (que eram bem básicas) e com as necessidades dos outros. Confiante na providência divina, distribuía o alimento que de pouco saciava muitos, quanto mais ela doava, mais ganhava... e, logo em seguida, repartia e... novamente ganhava, em uma ciranda de caridade, em que a Fé era a ponte que unia o dar e o receber. "Ninguém batia a sua porta, sem que fosse por ela socorrido em seus pedidos e suas orações" (Pena: 06).

Abdicou da fortuna deixada por seu irmão e dos pretendentes que a pediram em casamento para ser autêntica cristã. Realmente, "Nhá Chica foi pobre por opção e não tanto por condição".[7] Por meio da vida simples, amontou riquezas no Céu.

A piedade, as virtudes e as graças que Nhá Chica "alcançava junto à Mãe de Deus foram sendo conhecidas; os fatos iam sendo repetidos e a casinha humilde", no alto da colina, cada vez mais visitada (Pelúcio: 146).

[6] Palestra proferida por dom Luciano Mendes de Almeida na *2ª Conferência do I Encontro de Estudos sobre Nhá Chica*, 21 e 22/5/2004, Baependi, MG.

[7] Site: *Diocese de Campanha, MG*, acesso em outubro de 2012.

Denominada a Santinha de Baependy, muitos iam até ela por causa de seu dom de profecia, "mas o maior dom de Nhá Chica foi a prática da caridade e o socorro aos doentes e necessitados"[8] (Marco Aurélio). Ela sabia que se não houvesse o Amor e a Caridade de nada valeria seu dom de Profecia!

HORA DA AGONIA

Chico de Assis

O compasso da oração de Francisco era marcado por seu bondoso coração. Estendido sobre o chão de terra era seu jeito preferido para orar. Isso o acalmava. Dizia que, ao deitar-se, com o peito colado a Terra, suas energias eram renovadas. Orava e beijava o solo. Dessa forma ele sentia o pulsar de seu coração em harmonia com o coração da Terra. Rezava por cada pobre irmão que distante estava em missão de paz, pelos que lhe deixavam tristes, pela família, pelos amigos leprosos, pelos sacerdotes, pelos animais, e orava. O amor que irradiava de seu coração unia-se ao núcleo terrestre. Nessa combinação espiritual, ele dizia: "Irmã Terra, em tuas ondas subterrâneas, transmite aos irmãos as vibrações de meu coração. Mãe Terra sê tu o grande ponto de união entre os irmãos" (Kazantzákis: 323).

Chica de Baependy

Pela graça do Espírito Santo, a sabedoria de Nhá Chica era maior que a de muitos teólogos. No esvaziamento de si mesma, deu espaço para que Deus agisse em sua vida. Repleta de sabedoria, determinou um

[8] Site: *Betsycalisto,* Madri, ESP, acesso em setembro de 2012.

dia na semana para expurgar sua vida humana. É claro, só poderia ser em uma sexta-feira. Não só às três horas da tarde, mas o dia inteiro era consagrado ao Senhor.

Por que a Santinha de Baependy sacrificava-se nesse dia se sua vida era tecida com fios de ouro da caridade e do amor? Por que necessitava da penitência, se quase não tinha bens, se sua comida, mesmo escassa, era dividida com os pobres e suas roupas doadas aos pobres?

Quanto mais perto de Deus, mais o espírito se engrandece e do corpo se esquece. Então, Nhá Chica conhecia os três gêneros de obras satisfatórias: *jejum*, *esmola* e *oração*. A Serva de Deus vivia plenamente as Palavras de Deus, considerada santa pelos que conviviam com ela. Que pecado teria para expiar? Por que esse dia de imolação espontânea?

A devoção à Divina Misericórdia tornou-se a marca da existência de Nhá Chica, em contínua comunhão com a Paixão de Cristo. Durante anos e anos, permaneceu com "devoção especial às Três Horas da Agonia, nas sextas-feiras; recolhia-se em oração" (Pelúcio: 146). Por isso alcançou tantos dons espirituais. Pisou a vaidade com um autodomínio inigualável. "Oração e trabalho" era o lema incutido todos os dias, especialmente a cada sexta-feira.

Viveu sempre voluntariamente pobre, conforme o conselho evangélico. Sempre muito asseada; jamais confundiu a pobreza com a falta de limpeza. Porém, renunciou às comodidades da vida.

Já fazia muitos anos que Nhá Chica sempre usava um vestido que de tão longo lhe encobria os pés e de mangas bem compridas. Não podia lhe faltar o lenço na cabeça. Então, era sagrado... toda sexta-feira, Nhá Chica trancava-se em sua casa e não recebia ninguém! Consagrava o dia também para lavar sua roupa e limpar a casa. E, quando aquela roupa, estava muito velha, ela mesma fazia outra... igualzinha, e a usava até não servir mais. Depois fazia outra... e assim por diante.

Sim, a Serva de Deus, Nhá Chica, conhecia os "três gêneros de obras satisfatórias", conforme recomendado na época, que sempre valerão aos que pretendem vida santa: "Pelo jejum pagamos os pecados da carne; pela esmola, os da injustiça; pela oração, os pecados do espírito. A estes três offendidos se deve a reparação" (Pimenta, 1873:282).

Certamente, Nhá Chica ficava a par das mazelas espirituais e corporais dos que a procuravam e, com isso, estava também ciente das ofensas por eles dirigidas a Deus Pai, Deus Filho, Deus Espírito Santo e à Virgem Maria. Então, a Serva de Deus se colocava em atitudes de reparação a esses pecados[9]. Por causa disso, tantas penitências e tantas orações.

Imagine que sublime era o momento de oração, em uma sexta-feira, na casa de Nhá Chica... despojamento total. O chão da casa era de terra batida, lugar onde a "Serva de Deus" se prostrava[10] para rezar diante da Imaculada Conceição. Lugar de apreço para Nhá Chica. Ali se curvava em oração todos os dias, mas, especialmente, na sexta-feira, dia consagrado a meditar e viver a Paixão de Jesus Cristo. Ainda mais no horário das 15 horas, a hora da Agonia. Horário que, provavelmente, ofertava seus sacrifícios em reparação aos pecados dos amigos, dos conhecidos e do mundo inteiro.

Para esse conhecimento ela recebia dons do Espírito Santo, que se fizeram presentes na humílima Serva de Deus. A presença do Espírito Santo é fonte inesgotável de Misericórdia, é o sol que aquece e faz a alma viver em plenitude com o Divino. Dessa forma, dom Luciano explicou que Nhá Chica "foi realmente se desenvolvendo como uma florzinha que se abre pela ação do Espírito"[11] (Almeida) no grande jardim do Amor de Deus!

---

[9] Mais de 30 anos depois, em 1916, o Anjo de Portugal, durante sua segunda aparição aos pastorinhos de Fátima, disse-lhes: "Oferecei constantemente ao Altíssimo: orações e sacrifícios". Ao que a Irmã Lúcia, que era a porta-voz das três crianças, perguntou: "Como nos havemos de sacrificar?" O Anjo respondeu: "De tudo que puderdes, oferecei a Deus um sacrifício em ato de reparação pelos pecados com que Ele é ofendido e de súplica pela conversão dos pecadores. Atraí assim sobre vossa pátria a paz. Sobretudo aceitai e suportai com submissão o sofrimento que o Senhor vos enviar".

[10] Abaixar-se, curvar-se, humilhar-se em postura de súplica ou de adoração.

[11] Palestra proferida por dom Luciano Mendes de Almeida na *2ª Conferência do I Encontro de Estudos sobre Nhá Chica*, 21 e 22/5/2004, Baependi, MG.

LEVITAÇÃO

Chico de Assis

Certa noite, ao sair de uma igreja, Francisco, o de Assis, e alguns de seus monges companheiros ficaram encantados ao ver o céu todo estrelado. Foi um momento de amor e paz. "Por um instante, nossa alma libertou-se do espírito e da carne; já não carecia de uma verdade palpável. Convertera-se em gaivota e, sobrevoando o oceano de Deus, pairava ao capricho de sua Misericórdia" (Kazantzákis: 128).

Chica de Baependy

Andando pelas sinuosas e estreitas ruas de Baependy, rebanhando fiéis para a oração do Terço, Nhá Chica era protagonista da mais bela "história" de Amor. Conta-se que, ao final das reuniões espirituais, ela sempre rezava a oração *Salve, Rainha*. Sempre se comovia, chegando mesmo às lagrimas, todas as vezes que fazia essa oração e ficava repetindo: "Salve, Rainha... Salve, Rainha". "Era nessas horas de entrega total ao nome e ao Espírito de Nossa Senhora que as pessoas a viam ficar suspensa um palmo do chão, levitando durante todo o tempo que durava seu êxtase provocado por seu encontro com a Mãe Divina" (Marco Aurélio). Algumas pessoas se assustavam; mas a maioria nem mais ligava, acostumou-se.

Certa laranjeira dava frutas o ano todo no quintal da casa de Nhá Chica. Teve um dia em que J.I.F., irmão mais velho de Helena Ferreira Pena, pediu laranjas para Nhá Chica. Ela o convidou a entrar no quintal e disse-lhe para subir na laranjeira e pegar quantas laranjas quisesse. Enquanto o menino apanhava as laranjas, Francisca Izabel permaneceu embaixo da árvore, com seu enorme rosário de madeira torneada, rezando.

Compenetrado em colher as laranjas, em certo momento, o menino desviou seu olhar para Nhá Chica e a viu suspensa do solo, pairada no ar. O susto foi tão grande, que ele desceu rapidamente do galho, fazendo com que a *Santinha de Baependy* voltasse a si. Ao ver o menino ir embora, Nhá Chica falou para ele voltar, pois nem tinha apanhado direito as laranjas. Ele, assustado, enquanto saía correndo de lá, disse que voltava outro dia. Nunca mais retornou a casa por causa do susto, afinal "era criança e não sabia o que era estado de êxtase, causando-lhe isso um grande pavor" (Pena: 13).

Laranjeira de Nhá Chica, Baependi, MG, 2012.

Havia apenas uma laranjeira e um pé de lima no quintal da casa da Serva de Deus. Deles, Nhá Chica retirava muitos frutos, os quais "distribuía a quase toda a população da cidade" (ibid.: 11), dando a impressão de que ali existisse um grande pomar.

O cronista P. Bernardo Guimarães descreveu o fim de tarde em Baependy, dia em que ele contemplou: "do alto, ao dobrar a collina, ultima, lá me surgiste expalhada pelo morro, banhada como numa apotheose de fogos rubros, pelo ultimo clarão do dia agonizante, – os telhados de tua casaria emergindo de entre as copas das laranjeiras já carregadas de fructos meio sasonados, de entre o verde dos pomares exuberantes e viçosos!" (Guimarães: 39). Tempo em que no quintal da casa de Nhá Chica, perto da capela da Conceição, certa laranjeira, durante o ano inteiro, saciava a sede de muitos.

FESTAS RELIGIOSAS (1880, 1883, 1884)

*I – **Dia da Imaculada Conceição** (1880)*

Religiosamente, "todo ano, em 8 de dezembro, Nhá Chica tributava louvores à Imaculada Conceição. Mandava celebrar missa na capela, à qual acorria grande números de fiéis" (Pena: 14).

As solenidades eram motivo de grande alegria para a Serva de Deus. Tudo ela preparava com requintes de amor: Novenas, missas e procissão. Acompanhava cada etapa da festa em comunhão com os fiéis que lotavam a Capela.

O repicar dos sinos em todas as festividades chamava os baependyanos para as celebrações na capela, era dia de homenagem a Nossa Senhora.

Na coluna GAZETILHA do jornal *O Baependyano*:

> FESTA DA CONCEIÇÃO
> No dia 29 de passado, começaram as novenas de **N. S. da Conceição**, em sua capella n'esta cidade.
> No dia 8 do corrente terá lugar à festa, constando missa cantada, sermão e procissão (*O Baependyano*, 05/12/1880).

*I. **Mês de Maria** (1883)*

No mês consagrado a Nossa Senhora, as atividades religiosas na cidade de Baependy reuniam os cristãos para as Missas em *Ação de Graças*, oração do Rosário e exposição do Santíssimo e uma atenção a mais por causa da *Coroação a Nossa Senhora*[12].

[12] Essa é uma antiga tradição na Igreja Católica, que começou na Europa no ano de 1280, século XIII. Chegou ao Brasil por intermédio dos portugueses, tornando-se uma prática devocional paralitúrgica, instituída em Minas Gerais, em 1840, pelo bispo dom Viçoso.

> Mês de Maria – Começaram no dia 1º as festividades do Mês de Maria, sendo celebradas na matriz e com exposição do S. S. Sacramento nos domingos e dias santificados como já se fez no dia 3, e nos demais dias na Capella de N. S. da Conceição com acompanhamento de órgão (*O Baependyano*, 06/05/1883).

O auge das comemorações ficava por conta do encerramento: "No dia 31 encerraram-se na Capella da Conceição as do mês de Maria, com *Te-Deum* e bênção do S. S. Sacramento" (*O Baependyano*, 7/6/1883). Também, nesse dia, acontecia a coroação a Nossa Senhora.

Durante as festividades do mês de Maria, em Baependy, na coroação a Nossa Senhora e, também, nas procissões, constava apenas crianças menores de nove anos e modestamente trajadas[13]. A razão era, puramente, pela: simplicidade, inocência e candura ao representarem e figurarem o inúmero coro dos espíritos celestes, que "respeitosos e reverentes servem a Maria Santíssima, como sua soberana Rainha[14]".

A cerimônia de Coroação de Maria repete a tradição cristã que descreve a chegada da Virgem Imaculada ao Céu, quando, então, recebida e coroada por Deus Pai, Deus Filho, Jesus, e Deus Espírito Santo, unidos a uma procissão de anjos.

A imagem de Nossa Senhora da Conceição, usada em cerimônia de coroação na capela da Conceição, não era aquela de terracota, a pequena imagem que foi com a família de Izabel Maria para Baependy; essa ficava em lugar de destaque no trono no alto do altar-mor. A imagem utilizada para a coroação ficava no "segundo degrau do mesmo trono" (Pelúcio: 143), um pouco maior que a de terracota; era também outra bonita e expressiva imagem.

---

[13] Em 1882, o bispo dom Antônio Maria Corrêa de Sá e Benvides, da diocese de Mariana, escreveu uma carta aos católicos de seu bispado a respeito das festividades do Mês de Maria. Em publicação no jornal *O Baependyano*, advertiu que, em algumas celebrações do Mês de Maria, participavam alguns fiéis com trajes inconvenientes, que se tornaram motivos de escândalos entre os católicos. Ainda mais porque eram admitidos para a coroação e procissão de encerramento "donzellas maiores de doze anos e em trajes mui desconfortáveis à santa modéstia" (O Baependyano, 1882: 01), por isso, em seu dever pastoral, proibia esse abuso.

[14] Carta do bispo dom Antônio Maria Corrêa de Sá e Benevides, da diocese de Mariana, 1822.

II. Dia da Imaculada Conceição

As solenidades ligadas a Nossa Senhora da Conceição marcavam o começo do mês de dezembro, culminando no dia oito, consagrado à Imaculada Conceição. Sempre atenta a distinguir o melhor para Nossa Senhora, Nhá Chica dedicava-se com amor para deixar a capela um verdadeiro primor.

A cada ano, a festa tornava-se mais concorrida, os fiéis vinham das fazendas e outras cidades da região prestar homenagem à Mãe de Jesus, acentuando perante a Igreja a Fé na doutrina da Imaculada.

No ano de 1883, a festeira, dona Marianna, trabalhou com a sociedade baependyana para que as comemorações fossem do agrado de todos. O que realmente aconteceu, pois, até mesmo durante a novena preparatória para a festa, houve acompanhamento musical.

> "Festividade religiosa
> Celebra-se hoje a de N. S. da Conceição, na linda capella deste nome. Consiste em missa cantada com sermão, e procissão à tarde, havendo também sermão à recolhida, Te Deum, e benção do SS. Sacramento. Afesteira é D. Marianna Leopoldina Nogueira.
> Começaram as novenas a 29 do p. na mesma capella, com acompanhamento de órgão pelo Sr. Pedro de Campos" (*O Baependyano*, 08/12/1883).

Benditas eram essas festas em homenagem a Nossa Senhora da Conceição, quando os fiéis participavam da missa cantada e o som do órgão fazia-se ouvir magistralmente pela capela.

Muitos dos que receberam graças, nesse dia, apareciam para agradecer a tão sublime Mãe Celeste os favores que a eles concedia por meio das orações feitas por Nhá Chica.

> Celebrou-se dia 8 do corrente, missa cantada, com acompanhamento de órgão na respectiva Capella.
>
> Pregou ao evangelho o rev Sr. Pe. José Silvério.
>
> Por causa da chuva a procissão foi transferida para o dia seguinte, no qual effectuou-se com o giro costumado e orando à recolhida do rev Sr. Vigário Marcos.
>
> Houve Te-Deum e benção do S.S. Sacramento (*O Baependyano*, 27/12/1883).

Na hora da procissão, o Céu se fez presente em gotas de chuva. Vários santos interpretavam a chuva como presença de Deus. Bênçãos!

Foi assim com irmão Leão, amigo de irmão Francisco, que de sua cela olhou a chuva mansa e poetizou: "todas as folhas riem, pois Deus se transformou em chuva e chove sobre o mundo" (Kazantkzákis: 07).

II. Mês de Maria

Comemorar o mês mariano, na capela de Nossa Senhora da Conceição, era motivo de alegria para todos os católicos baependyanos. Momentos em que podiam agradecer à Mãe de Deus as ternuras divinas com as quais acalentava o povo da cidade.

Por meio das orações de Nhá Chica, a maioria dos católicos da região tornou-se devoto de tão terna Mãe. Quantas e quantas dádivas o povo conseguiu por intermédio de Nossa Senhora que agraciava Nhá Chica com viva Fé. A cada ano, mais e mais devotos apareciam à festa.

Os agradecimentos vinham em forma de confissões, comunhões, participações da missa, Rosário e coroação, que deixavam o povo mais santo.

> Desde o dia 1º do corrente tem-se celebrado na pitoresca capella da Conceição essa devoção annual, concorrendo a ella avultado número de devotos (*O Baependyano*, 25/05/1884).

O órgão, pedido por Nossa Senhora, era uma atração a mais na festividade. Os fiéis se afinavam em cantar majestosamente para a Mãe Rainha. Sabiam da importância daquele instrumento; satisfeitos cantavam bem alto, pois tinham o privilégio de fazer um "gosto" para a Mãe do Céu.

O senhor Pedro de Campos[15] teve a honra de tocar o órgão elevando os fiéis ao acompanhamento harmonioso das mais belas canções marianas.

*III – **Dia da Imaculada Conceição** (1884)*

Novamente, a Capela encontrava-se repleta de fiéis que vinham de diversas localidades: cidades vizinhas (principalmente, Caxambu, Cruzília, Pouso Alto, São Tomé das Letras e Aiuruoca), das fazendas e dos lares baependianos. Prestavam tributos a Nossa Senhora.

> Celebrou-se no dia 8 a acostumada festa de N. S. da Conceição, na linda capella d'esse nome.
> Constou na missa cantada, a órgão e Terço, à tarde e Te-Deum, orando ao Evangelho, o Rvmo. Pe. Alberto e, à recolhida do Terço, o Revmo Vigário Marcos (*O Baependyano*, 14/12/1884).

Durante a oração do Terço, sempre, Nhá Chica emocionava-se ao finalizar com a oração da *Salve, Rainha* e chorava. Seu amor à Imaculada Conceição era exemplo para os que participavam das missas.

Dezembro, fechando o ano, Nhá Chica tinha muitas alegrias para comemorar e agradecer à Mãe Imaculada. O apoio aos pobres e carentes; a predição aos fiéis que a ela recorriam por uma oração; as obras na capela e a dádiva da liberdade de muitos escravos em Baependy. Foi no

[15] Senhor Pedro de Campos, homem religioso que, além de organista, fazia durante o ano, em Baependy, apresentações de Teatro de Bonecos, cujo texto central era inspirado na Bíblia.

começo do ano, em janeiro, quando aconteceu uma linda cerimônia no paço municipal, com direito à banda de música e com o apoio da sociedade baependyana: "aberta a audiência pelo dr. Juiz Municipal, foram entregues cartas de alforria aos cativos que lá compareceram, cheios da mais justificada alegria" (Pelúcio: 235). O nome de *Rio Branco* foi exaltado. Nhá Chica, sempre atenta aos acontecimentos, tinha muito que agradecer a Nossa Senhora da Conceição.

Bispo de Olinda

Em junho de 1884, sua excelência, o reverendíssimo dom José, bispo de Olinda, fez a celebração da Crisma em Baependy. Dentre os lugares que esse "hóspede venerando e distincto" fez questão de visitar foi a *Capela de Nossa Senhora da Conceição* e conhecer Nhá Chica (*O Baependyano*, 19/06/1884), a Santinha de Baependy, que tinha o dom de orar a sua "Sinhá" e profetizar.

VI

A DOENÇA

ABOLIÇÃO

Abolicionista convicta, a princesa Isabel lutou pela aprovação e assinou a *Lei do Ventre Livre* em 1871. Dedicada à causa, financiou com o próprio dinheiro as alforrias de dezenas de escravos. Também ajudou com seus recursos a manter o quilombo do Leblon, que cultivava *camélias brancas*, flor-símbolo da abolição.

Em sua terceira regência, iniciada em três de junho de 1887, a princesa Isabel[1] enfrentou adversidades políticas, marcadas pelas tensas relações com o Ministério presidido pelo conservador barão de Cotegipe João Maurício Wanderley, ao ponto de forçá-lo a se demitir. No lugar dele, nomeou João Alfredo Correia de Oliveira para primeiro ministro, em março de 1888. Politicamente, o país estava em ebulição, os antimonarquistas aproveitavam para dizer calúnias contra a princesa.

No dia 13 de maio, preocupada com a saúde de seu pai, logo cedo, a princesa Isabel comungou na intenção do restabelecimento de dom Pedro II. "Na Igreja tivemos nosso Mês de Maria sempre precedido do terço, dito em intenção de Papai e de Mamãe. Não são as orações que têm faltado; por toda parte se reza e se manda rezar e, esta manhã, nas Irmãs, tivemos uma comunhão por intenção de Papai. Comungamos nós dois (a princesa e o conde) e umas quarenta senhoras" (Bergonzini).

[1] Primeira senadora brasileira e primeira mulher a assumir uma chefia de Estado no continente americano, a princesa Isabel se revelou uma política liberal nas três vezes que exerceu a Regência do país.

Os antiabolicionistas faziam ameaças dizendo que a família real perderia apoio caso a escravidão fosse abolida. Mas a princesa Isabel *não se deixou intimidar*. Confiante que assinaria a tão almejada lei, naquele domingo, dia 13 de maio, a princesa regente, logo após o meio-dia, viajou de trem de ferro de Petrópolis para o Rio de Janeiro. Foi em companhia de seu esposo: o conde d'Eu, e dos ministros: do império, Costa Pereira; e da Agricultura, Rodrigo Silva.

"O Conde d'Eu, nessa ocasião, teve um momento de hesitação: 'Não assine, Isabel! É o fim da Monarquia'. Ao que ela respondeu: 'Assina-lo-ei, Gaston. Se agora não o fizer, talvez nunca mais tenhamos uma oportunidade tão propícia. O negro precisa de liberdade, assim como eu necessito satisfazer o nosso Papa[2] e nivelar o Brasil, moral e socialmente, aos demais países civilizados"[3] (Orleans e Bragança).

Então, no dia 13 de maio de 1888, a princesa Isabel assinou a lei Áurea, que libertava todos os escravos, tornando o Brasil um país de homens livres. "Áurea" quer dizer "de ouro" e a expressão refere-se ao caráter glorioso da lei que pôs fim a essa forma desumana de exploração do trabalho, que no território nacional vigorou cerca de três séculos.

Na Sala do Trono acompanharam a cerimônia: senadores, ministros, deputados, magistrados, embaixadores, outras personalidades e, também, pessoas comuns, que, em grande delírio, invadiram o palácio[4]. O semblante da princesa, "sempre expressando contentamento pelo ato que acabava de assinar, às vezes, dava ares de preocupação, em virtude da gravidade do estado de saúde de seu augusto pai", que se encontrava em tratamento de saúde na cidade de Milão sob os cuidados de renomados médicos europeus (*Jornal do Senado*,14/05/1888).

[2] Papa Leão XIII. "Houve na Princesa D. Isabel uma grande sintonia com a doutrina moral e social da Igreja, tão bem expressa pelo papa Leão XIII, com quem ela se correspondia", informa o professor Hermes Rodrigues Nery, propositor da Causa de Beatificação de D. Isabel a Redentora, in: blog do *Instituto Cultural D. Isabel I a Redentora*, acesso em dezembro de 2012.

[3] Palestra de dom Luiz de Orleans e Bragança, bisneto da princesa Isabel, em comemoração aos 160 anos de nascimento da princesa d. Isabel, na sede do Pró-Monarquia em São Paulo, 2009.

[4] Nessa mesma hora, em Baependy, havia os festejos da redenção dos cativos... "notável coincidência!" *Combate*, 21/5/1888.

A regente, emocionada, sem conter as lágrimas, declarou que aquele seria um dos dias mais belos de sua vida se não fosse pelo fato de seu pai encontrar-se enfermo. Suspirou uma prece pedindo a Deus que dom Pedro II voltasse logo, com saúde, ao Brasil. Cerca de cinco mil pessoas se reuniam na praça dom Pedro II, em frente ao Palácio. O deputado Joaquim Nabuco, em uma das sacadas do Paço, informou à multidão que, daquele momento em diante, não havia mais escravos no Brasil.

Praça dom Pedro II, Rio de Janeiro, 13 de maio de 1888.

> Estando a princesa Isabel junto ao barão de Cotegipe na janela do palácio – o barão a estimava, só estavam em desacordo na questão da escravidão – ela lhe indagou: 'Então, senhor Barão, V. Excia. acha que foi acertada a doação da lei que acabo de assinar?' Ao que o Barão, com muito carinho, respondeu: 'Redimistes, sim, Alteza, uma raça, mas perdestes vosso trono...'" (Orleans e Bragança).

Concebida para abolir de forma imediata e incondicional o elemento servil no país, a mais importante e mais humana norma legal já adotada pelo Brasil, e que recebeu o número 3.353, contém apenas dois dispositivos:

> Art. 1º – É declarada extinta desde a data desta lei a escravidão no Brasil.

Art. 2º – Revogam-se as disposições em contrário" (*Diário Popular*,14 de maio de 1888).

No dia 17 de maio de 1888, uma solene missa campal foi celebrada, no Rio de Janeiro, em ação de graças à abolição da escravatura, da qual a princesa Isabel participou juntamente com 20 mil pessoas. O destaque foram as bandeiras das Irmandades de Nossa Senhora do Rosário e a de São Benedito.

O telégrafo era um dos milagres da ciência e da nova tecnologia do final do século XIX, fazendo com que a notícia da abolição chegasse rapidamente à maioria das províncias brasileiras e à grande parte das nações americanas e europeias. "Habitantes de São Paulo, Santos, Campinas, Salvador, Recife, Vitória, Belém, Ouro Preto, Fortaleza e outras cidades saíram às ruas em procissões cívicas, não faltando bandas de música e fogos. À noite, edifícios públicos e particulares da capital paulista foram iluminados"(*Jornal do Senado*, 14/5/1888).

Também a Baependy a notícia chegou rapidamente. Alegria e festejos por toda a cidade. Ainda mais porque aquela mesma princesa, que assinou a lei Áurea, esteve em terra de Baependy há 20 anos. Os baependyanos tinham motivos para se alegrarem, para festejarem.

Cidade de Baependy, MG, séc. XIX.

A cidade comemorava a abolição da escravatura. O hino nacional foi executado por três bandas de música. Mais de 800 pessoas compareceram para as celebrações cívicas, com atenção especial a um liberto, que conduziu uma bandeira com a inscrição da lei Áurea. "Baependy jamais presenciou uma festa cívica tão enthusiastica e pomposa" (*O Combate*, 21/05/1888).

Na matriz de Nossa Senhora de Montserrat, o vigário, padre Marcos Nogueira, muito querido por suas ações humanitárias, piedoso sacerdote, caprichou na homilia festiva.

> Nesta data gloriosa, que assinala um dos grandes actos de nossa vida de nação (...) a lei redentora que restitui ao direito comum fração considerável da população do Império, até então dele excluída, e a faz participar dessa liberdade de que goza a maioria da população. (...) Justo regozijo, na verdade, porque este fato, cujas glórias cabem a toda nação, que para ele concorreu, eleva-nos e notabilita-nos na consideração do mundo. (*O Baependyano*, 30/05/1888)

Nas ruas da cidade, a multidão acompanhava as autoridades que, empolgadas, discursavam, declamavam e davam vivas à Liberdade. Alguns, mais entusiasmados, como doutor Antero de Magalhães e o dr. Amador Cobra, aproveitavam para dar "vivas à futura república brasileira" (Pelúcio, 1942/1:238).

Festividades, também, na praça, em frente à igreja. Os baependyanos aplaudiram o discurso solene do doutor Arthur Brasílio de Araújo, que, encerrando sua fala, emocionou a todos declamando, de sua lavra, a bonita poesia *Adeus da Escravidão*.

Eia! Brasil portentoso!
Nação ingente, adorada!
Rasgaste o véo qu'encobria
A Escravidão infamada!

Ergueste – altivo – o teu nome!
Ganhaste o grande renome
De pátria da Liberdade!
E, assim, no meio de flores,
Cantando vivos louvores,
Reina completa Egualdade![5]

"Lá, entre a multidão, estava Nhá Chica, que, no auge de seu arrebatamento, mal ecoam na praça os últimos versos, adianta-se para o orador e, ante a assistência por um instante emudecida e respeitosa, beija, chorando de alegria, as mãos do orador" (Palazzolo: 86). A alegria era o ponto mais nobre na alma de Francisca de Paula, que chorava de tanta emoção. Sua genética formava uma escada de sentimentos bons. Sua avó, Maria Joaquina, e sua mãe, Izabel Maria, deram-na a mais digna formação sociorreligiosa. Tantos escravos Nhá Chica conheceu quando criança, morando na fazenda Porteira dos Villelas. Em Baependy conviveu e fez amizade com livres e cativos, pobres e ricos.

Nhá Chica sabia que a pior escravidão era a da alma, aprendeu com sua mãe Izabel que a dignidade não tinha preço e que viver casta, sozinha e religiosa não era questão de cativeiro, e sim, de liberdade. Liberdade da alma. Diante da linda realidade do fim da escravidão no Brasil, Nhá Chica chorou. Tinha chegada a vez das algemas do desamparo serem partidas; a vez de os açoites da descriminação serem queimados; e a vez dos pelourinhos dos maltratos... quebrados. Era muita emoção para uma mulher que viu o sofrimento inerente à escravatura. Mulher que fez sua lei "Áurea", sua lei de "Ouro", em dourar o altar da matriz de Baependy, porque sua liberdade não tinha preço. Chorou também porque gostava muito de poesia, e o doutor Brasílio foi eloquente na declamação.

Depois de assinada a lei Áurea, os escravos foram para as ruas, dançaram, cantaram, fizeram festa. A maioria não voltou para o lugar onde trabalhava.

---

[5] Parte final da poesia *Adeus da Escravidão*. Apud, Pelúcio. *Templos e Crentes*, p. 237.

CARIDADE

É na pobreza que a união é comandada pelo Amor. O saber cuidar permanece como dádiva maior na Caridade, no ato de acolher o irmão necessitado. Estar entre os pobres era motivo de alegria para Nhá Chica. Conversar com eles, ampará-los em suas necessidades, doar-se sem medidas era o jeito de praticar o Amor. De nada valeria falar a língua dos anjos ou ter a sabedoria humana se não tivesse o Amor.

Nhá Chica empenhava-se na prática da lapidação constante desse diamante chamado Amor. O ato de dar superava a regra matemática em que o tirar diminui. Para Nhá Chica doar-se era multiplicar-se, tirar de si era receber. O pouco que tinha repartia com os pobres, os necessitados, os vizinhos e os visitantes. E deles recebia toda forma de Amor.

"Consagrando toda a sua existência à prática do bem e ao culto piedoso da religião, Nhá Chica adquiriu a reputação de santa, não porque se inculcasse de milagrosa, mas porque, em sua ignorância, humildade e pobreza, sabia tão bem como os mais sábios dar úteis e salutares conselhos, exercer generosamente a caridade e confortar os aflictos nas dores e vicissitudes" (*O Paiz*, 18/06/1895).

Nhá Chica: a *Mãe dos Pobres*, essa era a alcunha que recebeu por seu Amor potencializado em doações constantes. Os que se sentiam beneficiados por meio das orações de Nhá Chica mantinham amizade constante com a Serva de Deus, dos mais simples aos mais famosos.

VISCONDE DE CRUZEIRO

Dentre os famosos que prestigiavam a capela Nossa Senhora da Conceição, em Baependy, estava excelentíssimo Jerônimo José Teixeira Júnior, que sempre enviava donativos. A caridade para com os mais necessitados era norma de sua conduta. Motivo de destaque na política nacional, recebeu o título de visconde do Cruzeiro, por grandeza, em decreto de 13 de junho de 1888. Ilustres políticos parabenizaram-no pelo título recebido.

TESTAMENTO

Chico de Assis

Já fazia algumas semanas que o amigo Leão não via o amigo Francisco. Estavam na mesma floresta, no Alverno onde o tempo plainava acima deles "como um gavião agitando as asas tão depressa que dava a impressão de imobilidade" (Kazantzákis: 261).

Era inverno. Os dois *irmãozinhos da senhora pobreza* estavam com seus hábitos esfarrapados e esburacados, "o ar entrava por toda a parte", quase os congelando. Francisco não se importava, dizia que "aquele que pensa em Deus se aquece no inverno e se refresca no verão" (ibid.). E foi para pensar e conversar com Deus que os dois ficaram por muitos dias, semanas... meses, morando cada qual em uma caverna, em plena floresta.

Por causa da saudade que estava de Francisco, Leão foi impelido à procura do amigo, mesmo sendo inverno, com a neve esbranquiçando os dias e as noites.

A caminho, cada passo era dificultoso; pés descalços mergulhados no gelo. Chegando à colina, avistou Francisco sobre um rochedo, com os braços em cruz, "semelhante a um crucifixo negro cravado na pedra" (ibid.: 268).

Irmão Leão continuou sua caminhada e, ao escalar a metade do rochedo, ficou apavorado ao ver que seu amigo Francisco estava suspenso no ar e já subia lentamente ao Céu. Correu o mais que pôde e, alcançando o alto do rochedo, estendeu as mãos para agarrar o hábito, só que nesse momento, tranquilos, os pés de Francisco pousaram no chão.

Foi preciso muita dedicação e também muito amor para reanimar Francisco. O amigo Leão o colocou perto do fogo, friccionou-o para que o sangue circulasse, até que ele voltou a si. Francisco ficou chateado, ralhou com seu amigo, quis saber qual a razão de tê-lo trazido de volta à Terra: "Não viu como eu subia ao Céu? Começara a morrer. Por que me trouxe para baixo?" Francisco estava com muitas dores, com o corpo em frangalhos... gemeu baixinho.

Ciente de sua "triste" realidade, de que teria de ficar mais algum tempo na Terra, ele que pensava já estar pronto para encontrar Deus, pronto para sua morada definitiva nos braços da Misericórdia Divina, teve tudo adiado. Uma tristeza infinita pousou-lhe na alma. Depois, vendo que não havia remédio para o acontecido, conversou com seu frágil, doente e humilhado corpo: "Meu corpo, meu fiel burrinho, perdoa-me, não acabaste de padecer. Ainda não chegamos ao fim, mas não estamos longe. Um pouco de ânimo, anda!" (ibid.). Ainda mais um tempo na Terra.

Chica de Baependy

Dois meses depois da libertação dos escravos em todo território nacional, Nhá Chica ficou muito doente, tanto que precisou de ajuda e foi socorrida. Seu corpo estava frágil, ficou gravemente acamada.

Foi por causa da enfermidade que sentiu a necessidade de fazer um testamento, de deixar por escrito tudo que precisava ser feito no caso de seu falecimento; isso lhe parecia que aconteceria muito em breve. Ela não era de ficar perguntando essas coisas para sua "Sinhá". Aliás, as coisas referentes a sua vida Nhá Chica preferia deixar acontecer sem a visão do futuro; preferência que era produto de discernimento e sabedoria, frutos do Santo Espírito. Viu-se no dever e direito de um testamento. Então, no dia "8 de julho de 1888, estando doente e de cama, Nhá Chica fez seu testamento"[6].

Fez do vigário Marcos Nogueira seu primeiro testamenteiro, ele que sempre a considerou amiga, que a tratava com respeito chamando-a por "dona" Francisca, o que mostrava sua afeição por ela, pois era um título raro de utilizarem na época. Também foram seus testamenteiros o capitão Francisco Antônio Pereira e o advogado dr. Antônio Dias dos Santos. "Nenhum dos três atuou no respectivo inventário. Foi nomeado para tanto o Doutor Antônio Diocleciano Nogueira" (Lefort: 66).

Nhá Chica, assim, ditou seu testamento[7]:

> Patrimônio Espiritual
>
> **"Em nome de Deus, Amém. Eu, Francisca de Paula de Jesus, natural da cidade de São João del Rey, filha natural da finada Izabel Maria (...) em casa de sua residência na rua das Cavalhadas, nesta cidade..."[8] "...enferma e de cama, mas em meu perfeito juízo, no estado de solteira, não tendo filho algum nem herdeiros forçados, faço este meu testamento para ser cumprido depois de minha morte dispondo de meus bens, pela forma seguinte: Declaro que meu enterro será feito dentro da Igreja de Nossa Senhora da Conceição, com funeral e música".**

Desde os primórdios da vila de Baependy, o nome daquela rua no alto do morro era Rua das Cavalhadas. Em 1887, o senhor tenente Arthur propôs a mudança do nome dessa rua para Rua Olympio Catão, mas predominou o antigo nome.

A historiadora Elisa Maria Domingues da Costa Carvalho [9] explica que "o enterramento dentro das igrejas, o mais perto possível da mesa

[6] Site: *A Origem de Nhá Chica*, acesso em setembro de 2012

[7] Neste item todas as frases são referentes ao "Testamento" de Francisca de Paula de Jesus.

[8] Cartório do 2º Ofício de Baependi, MG.

[9] Mestre em História e Cultura Medievais. Professora do Ensino Secundário em Braga, Portugal.

onde se celebrava a Eucaristia, foi primeiramente um privilégio dos reis, da alta nobreza e do clero, estendendo-se, posteriormente, a outros estratos sociais" (Carvalho: 19). A tumulação, o mais próxima possível do altar-mor, era a mais desejada, pois aumentava as hipóteses de proteção do defunto. A maioria dos testadores indicava com exatidão o sítio que desejava: junto da pia batismal, diante do altar, entre o altar-mor e o coro etc. Nhá Chica não determinou "qual o lugar" em que seu corpo deveria ficar sepultado, seu desejo era, simplesmente, que fosse "dentro da igreja".

Monsenhor Lefort registrou em *Francisca de Baependi* que o pedido feito por Nhá Chica de que seu funeral se fizesse com exéquias solenes era porque "sua crença na imortalidade da alma era de molde a antegozar a esperança da ressurreição da carne" (Lefort: 68).

Para Francisca de Paula de Jesus a música era a plena manifestação da alegria. Em sua dedicação à construção da capela, Nossa Senhora lhe pediu um instrumento que ela nem sabia do que se tratava, foi além da compreensão da filha e lhe proporcionou momentos musicais divinos. Era mais do que justo ir ao encontro de sua Mãe ao som de melodias terrenas, já que, provavelmente, no Céu os acordes de Bem-Vinda-Filha-Francisca seriam entoados pelos anjos.

"Mando que pela minha alma se digam vinte e três missas, sendo uma de corpo presente, outra de sétimo dia e outra no trigéssimo."

A prática de oração aos mortos está descrita no Evangelho de São Marcos: "é um pensamento santo e salutar rezar pelos defuntos para que sejam perdoados de seus pecados" (2Mc 12,46). Nossa oração por eles pode não somente ajudá-los, mas também tornar eficaz sua intercessão por nós.

O purgatório não é uma passagem obrigatória, é somente aos que não atingiram a santificação necessária para ver a Deus. É grande o número de pessoas que dizem lutar para ir ao menos ao purgatório, confiando mais na Misericórdia Divina que em seus méritos. Mas sabemos que existem pessoas que podem e vão, provavelmente, ver a Deus no céu e por toda a eternidade sem a necessidade do purgatório.

Uma dessas pessoas certamente é Nhá Chica, que nos deixou no legado de um testamento sua máxima em humildade: "pedir que celebrassem missas por sua alma". Felizes os que interpretam da maneira correta, vendo nesse testamento uma mostra de direção espiritual para conseguirmos ajudar os que já faleceram. Mandar celebrar missas por nossos entes queridos, familiares, amigos ou, simplesmente, conhecidos é um ato de amor que vale a redenção de suas almas. Algo que somente os que estão vivos podem fazê-lo, eis o direcionamento espiritual testamentado por Nhá Chica a cada um de nós.

"Depois dos ritos do dia do enterramento, seguia-se a celebração do trintário nos trinta dias subsequentes à morte. Embora o primeiro pedido de um trintário date do início do século XIII (1215), foi só a partir do terceiro quartel deste século que se impôs como um dos sufrágios mais populares" (Carvalho: 24) em Portugal e, também, foi instituído no Brasil Colônia.

"Mais vinte missas por alma de meu irmão, digo mais vinte missas por alma de minha mãe e trinta por alma de meu finado irmão."

A série ininterrupta de trinta missas celebradas em diversos dias consecutivos pela alma de um defunto é denominada "trintário". Procedente de uma passagem nos *Diálogos de São Gregório Magno* em que citou o falecimento, no mosteiro de Santo André de Monte Célio, de certo monge culpado de violação do voto de pobreza. Mandou, então, celebrar trinta missas seguidas pela alma do monge pecador. Ao terminar a última, a alma apareceu ao monge Copioso, dizendo-lhe que, graças àqueles sufrágios, acabava de ser liberto das penas do Purgatório. Daqui se generalizou essa prática. As trinta missas podiam também ser celebradas no mesmo dia.

> Patrimônio Material
> "e dou ao Félix, que foi meu escravo, um terreno que fica para baixo do portão que entra para a capela até o fundo do valo que divide

> com Antônio Deoclesiano Nogueira[10] e pelas divisas com Cesário Nogueira de Sá, a quem também deixo a minha louça e os trastes da casa."

O velho Félix era o braço direito de Nhá Chica, tudo de que ela precisava ele a auxiliava. Ela aqui o colocou como "meu escravo", mostrando que ele muito trabalhou e que nem sempre ela deu o que achava ser uma justa remuneração monetária do trabalho dele.

O testamento foi escrito poucos meses depois da libertação dos escravos, mesmo assim, Nhá Chica deixou o termo "meu escravo" nos alertando, também, para outra realidade, a de que um escravo pode ser aquele que é cativo de alguém por livre e espontânea vontade.

"A exepção das cadeiras e de dois tachos, que serão distribuídos em esmolas aos pobres."

Cadeiras eram artigos de luxo, feitas sempre de madeira de lei, além de que as de Nhá Chica eram de palhinha trançada[11], diferente dos tamboretes ou banquinhos que eram rústicos. As cadeiras eram usadas pelas pessoas que tinham melhor classe social. Ao doá-las aos pobres, iria assegurar-lhes a elegância nobre de um lugar melhor para sentarem.

Os tachos, geralmente de cobre, serviam para o feitio de doces. Ao serem usados pelos pobres, seria uma ajuda para saírem da condição de miséria, pois quem tivesse um fogão à lenha e um tacho poderia ganhar dinheiro fazendo doces caseiros. Consta o ofício de "doceiras" em Baependy: dona Nana Zeferina Sanches; dona Antonia Henriqueta; dona Theodora de Alcântara (Almanach Sul-mineiro para 1874:402).

"Deixo um vestido de nobreza para uma órfã virgem."

Em um baú de madeira ficavam alguns vestidos e cortes de tecidos, os quais Nhá Chica ganhou ao longo dos anos. Um dos vestidos ela usou para ser fotografada.

[10] Nomeado como testamenteiro para o inventário de Nhá Chica.

[11] Há uma no museu Nhá Chica.

Uma atenção a mais para os que iriam vir, para os que a admiravam, mostrando que, por meio da oralidade, ficamos a par da vestimenta humilde que manteve em seu dia a dia, mas que podia, se quisesse, usar os mais lindos vestidos de nobreza. Deixou um deles para uma virgem que fosse órfã, sentido claro de que a virgindade era uma virtude bem quista para Nhá Chica.

"Outros cortes de vestidos e roupas para serem vendidos e distribuídos aos pobres."

Esvaziar o baú era questão de caridade, então, em seus atos constantes, era comum doar aos pobres seu conteúdo. E, continuamente, ganhava mais e mais roupas e cortes de tecidos, os quais ela doava novamente. Era uma cadência de receber e doar, mas e os que ficassem em seu baú depois de sua morte? Por sempre receber presentes era melhor deixar registrado que seriam vendidos e doados, pois com o dinheiro saciaria a fome de alguns pobres.

"Do remanescente de meus bens deixo a Nossa Senhora da Conceição, para seu patrimônio, sendo casas, terrenos, água e o mais tudo que contiver o remanescente de meus bens."

Para sua querida "Sinhá" deixou um patrimônio material, ao qual os fiéis que têm devoção a Nossa Senhora da Imaculada Conceição tivessem acesso para oração e contemplação. A *capela*, esse lugar sagrado, pertencente à paróquia de Baependy, consolidou a união Mãe/Filha; Senhora da Conceição/Nhá Chica; Sinhá/Serva; fortalecendo em base sólida a cristandade brasileira. Juntos, os *terrenos* e a *casa*.

Deixou, também, a água para Nossa Senhora. A água era mesmo artigo de luxo, almejada pela população de uma cidade onde a rede de água era precária. Temos o exemplo "de Manoel Antônio de Castilho Júnior, pedindo as sobras d'água do chafariz em frente à Igreja de Nossa Senhora da Conceição", uma petição à Câmara Municipal publicada no jornal *O Baependyano* no ano de 1881.

Ao ser contemplada como herdeira universal, em ciência do testamento de seu irmão Theotônio, Francisca de Paula de Jesus presenteou Nossa Senhora, mandando dourar o altar da igreja matriz de Baependy. Depois de 27 anos, deixou registrado em seu testamento que o mais *tudo* que continha de bens ficariam para Nossa Senhora da Conceição, sua "Sinhá".

Foi para Ela que Nhá Chica fez a capela. Em uma visão futurista, a Serva da Rainha fez questão de deixar anotado que a capela e todo seu entorno "é" de propriedade da mais digna Mãe, Mãe da Igreja Católica Apostólica Romana.

Patrimônio imaterial

A devoção a Nossa Senhora da Conceição é a mais bela herança que Nhá Chica deixou para o mundo. Em seu dom, provavelmente, sabia que mais tarde haveria uma comunicação globalizada que permitiria uma ampla divulgação da devoção à Santíssima Trindade e a Nossa Senhora. Na simplicidade de uma humílima mulher, analfabeta, com viva fé nos que a auxiliavam, terminou seu testamento pedindo que constasse:

> "Essa é a minha última vontade e disposição para depois de minha morte e por este testamento revogo qualquer outro ou codicilo. E porque não sabia ler nem escrever, pedi ao Tabelião Manoel Moreira de Figueiredo que este, a meu rogo, fizesse e assinasse e aprovasse em seguida.
> Cidade de Baependy, 18 de junho de 1888.
> Eu Manoel Moreira de Figueiredo Tabelião o escrevi e assigno a rogo da testadora, por não saber ler nem escrever.
> O Tabelião Manoel Moreira de Figueiredo".

Depois de ditar o testamento, a saúde de Nhá Chica, aos poucos, foi melhorando. Seu físico fortaleceu-se novamente e recomeçou a receber as pessoas em sua casa, com muita dedicação e alegria. Seu empenho em finalizar os acabamentos internos da capela era acatado por todos que a visitavam e faziam questão de deixar uma ajuda para esse intento.

VII

MÃE DOS POBRES

CARIDADE

Nhá Chica distribuía conselhos, esmolas e consolações a todos que a "ella recorriam e vivia no mais austero recolhimento, dedicada exclusivamente aos piedosos misteres do seu apostolado de fé e caridade" (*O Paiz*, 18/6/1895).

Quem se doa tão intensamente quanto Nhá Chica precisa de harmonia interior, aceitar a vontade de Deus. Por meio desse despojamento, pode-se descobrir a única imagem projetada por Deus no coração do ser humano. Com essa sabedoria, Nhá Chica comungava diariamente da Luz do Espírito Santo. A alma de Francisca se alimentava de caridade. Saboreou as Palavras do Evangelho de João: "Meu alimento é fazer a vontade daquele que me enviou" (Jo 4,34).

Seu legado de caridade começou cedo. Ainda moça, "Nhá Chica já era *mãe dos pobres*; pouco a pouco, foi se estendendo a sua fama, porque os seus conselhos eram sempre muito ajuizados. Para todos ella tinha *Palavras* de consolação e de conforto, a promessa de uma oração, a predição do resultado de uma empreza ou um soccorro material" (Monat: 93). O que para ela era simples, para os outros era um verdadeiro tesouro; o que para ela era um tesouro para os outros parecia uma coisa muito simples.

Ficou bem claro para Francisca que uma de suas missões era praticar a verdadeira caridade, que é toda forma de conjugação do "Dom Supremo" – o AMOR. Pela escuta das Palavras Sagradas, Nhá Chica conhecia a carta de Paulo aos coríntios, em que ficam esclarecidas as vantagens do "ser Amor" e do "ter Amor". Mesmo que a pessoa falasse a língua dos anjos, ainda que profetizasse, que tivesse uma enorme Fé, que fosse plena em caridade e que se deixasse martirizar, se não tivesse Amor, tudo isso de nada valeria. Nhá Chica sabia disso e colocava o Amor acima de tudo, sem procurar uma recompensa pelo fato de ser *Amor*. Ela profetizava, falava com Nossa Senhora, tinha Fé, era caridosa; tudo isso era movido pelo Amor. Ciente de que amava, porque Deus a amou primeiro, contemplou o verdadeiro Amor e nunca mais dele se separou.

Praticou todas as formas do Amor. Tinha ciência de que isso bastava e então se doava, porque, na verdade, a plenitude do Amor está em repartir para poder multiplicar. A Serva de Deus via no pobre a riqueza de poder servi-lo; no desesperado a tranquilidade de poder acalmá-lo; no incrédulo a conquista de mais uma conversão. Ela enxergava além das misérias humanas. "Dizia-se a *mãe dos pobres*, e ninguém desempenhou mais conscientemente este humanitário papel" (*O Paiz*, 18/06/1895).

REPÚBLICA

O país passava por um período de mudanças, e os políticos com ânimos exaltados queriam o fim da monarquia brasileira. Em Baependy, no intuito de saber o que o futuro lhes aguardava, os republicanos foram consultar aquela que, certamente, podia dar a resposta correta... Nhá Chica. "Que está acontecendo na Corte? O que acontecerá, Nhá Chica? Perguntaram-lhe os apaixonados e sôfregos patriotas" (Palazzolo: 95).

> Tinha-se feito aqui uma eleição do governo, estavam conversando comigo cinco doutores, juizes de direito, eleitores, juizes de paz e

> outros; um delles recebeu um papel do arame candongueiro que tinham tocado da Côrte: elle ficou branco e me pediu que rezasse a Deus, para ajudar a pôr o Imperador para fóra.
> Vieram outros ainda me perguntar se deviam ajudar.
> Por quê? Disse eu, é uma ingratidão, o Imperador é pai de todos.
> O doutor ficou abatido, e eu fui fazer uma oração; quando voltei, disse que podiam gritar a República.
> Sahiram todos gritando.
> Depois eu soube que o papel de arame candongueiro era de um tal Deodoro, que queria ser rei. (Monat: 96)

Nesse depoimento de Nhá Chica para o dr. Monat, ficou explícito que ela era contra a República, na simplicidade de quem via o imperador como o *pai de todos*. Era apenas um ano depois da lei Áurea.

Tanto Nhá Chica como também os antiescravocratas viam em dom Pedro II *o pai de todos*, pois ele permitiu que sua filha, princesa Isabel, ficasse regente do país, sabendo que seu objetivo era dar um fim à discriminação racial brasileira.

Tanto era paternal que, mesmo muito doente, acamado, longe de seu querido Brasil, ao tomar conhecimento, por sua esposa imperatriz, a respeito da libertação dos escravos, respondeu: "Demos graças a Deus", e, tomado de muita emoção, desatou a chorar. Nesse mesmo dia, pediu que telegrafassem à filha Isabel:

> Princesa Imperial. Grande satisfação para meu coração e graças a Deus pela abolição da escravidão. Felicitação para vós e todos os brasileiros.
> Pedro e Tereza. (Orleans e Bragança).

Para Francisca de Paula de Jesus existiam motivos justificáveis em amar a família imperial. Também, vemos o quanto Nhá Chica tinha caridade para com todos os que a procuravam. Ali estavam os maiorais da sociedade baependyana, querendo uma resposta "antecipada" porque já não aguentavam mais controlar suas ansiedades. Mesmo que não fosse sua vontade, Nhá Chica obedeceu a seu carisma maior, a caridade para com os pobres e os ricos, porque caridade é ajudar os necessitados, sem importar com sua condição sócio/econômica/cultural/religiosa.

Mesmo sendo contra o fim da realeza no Brasil, Nhá Chica foi orar, como ela mesma relatou. Entre o querer e o obedecer existe uma tênue linha chamada "humildade", é a que a fez despojar-se do "tudo" para se tornar o "nada". O *tudo* para ela era manter-se grata à família imperial, pela liberdade dos cativos, ainda mais que sabia e conhecia as atrocidades da escravidão; o *nada* era ser apenas a filha de sua "Sinhá", a quem dedicou seus dias a orar, recorrendo aos que precisassem, aos que viessem pedir auxílio. Abdicou-se de seu *tudo* para, nas mãos da Mãe, tornar-se um *nada*. Assim foi canal de graça; com isso, Deus atendeu aos pedidos de Nhá Chica por intermédio de Nossa Senhora.

Outra questão que aparece nesse pronunciamento de Nhá Chica é o termo *arame candongueiro*, "candonga é um tipo de condução, a que leva e traz; arame candongueiro é um tipo de correio extraoficial. Esse termo ainda tem uso no interior de Angola"[1].

Era questão de pouco tempo para que o grito "Viva a República" fosse aclamado pelos brasileiros. Para a família imperial brasileira e, principalmente, para a princesa Isabel, o custo da luta estava sendo cobrado alto. O fim da escravatura fez ruir as últimas bases de sustentação do regime monarquista.

> "Depois disso, de vez em quando, lá vem alguém aqui me perguntar se póde gritar a monarchia; e eu digo sempre que não, mas é porque Nossa Senhora não quer; por mim **não**, ... eu obedeço; mas não acho bom este despotismo; os homens agora estão amortecidos, e bulir

[1] Depoimento do brasileiro Wilson Muller, que viveu de 2007 a 2010 em Angola, em outubro de 2012, especial para este livro.

> com os homens sem pôr os corações socegados não é direito. Mas, Deus escreve por linhas tortas: se elle mandou gritar a República, elle sabe o que fez e o que quer fazer ainda" (Monat: 96). Explicou Nhá Chica, reafirmando que a Imaculada Conceição era a mentora de todas as previsões que a humilíssima Francisca passava aos que a ela recorriam. Novamente mostrou seu parecer "mas é porque Nossa Senhora não quer; por mim, **não**... eu obedeço".

Um ano depois do fim da escravidão no Brasil, os militares se reuniram, rebelaram-se e proclamaram a República. "A 15 de novembro, os militares que estavam no Rio de Janeiro – eram uma minoria, apresentavam um terço do Exército Brasileiro – proclamaram a República" (Orleans e Bragança, 2009).

Dois dias depois de proclamada a República, a família imperial foi forçada a sair do Brasil. "O golpe foi totalmente alheio à vontade do povo, tanto é que eles embarcaram a Família Imperial à noite, rumo ao exílio, para que não houvesse reação popular" (ibid.).

Naquela atmosfera de incertezas, sob o domínio do abandono e da tristeza, "a Princesa Isabel, passando junto à mesa onde havia assinado a Lei Áurea, bateu em cima e disse: 'Mil tronos houvera, mil tronos eu sacrificaria para libertar a raça negra'" (ibid.).

Houve um dramático embarque noturno da família Imperial, transportada para a nau canhoneira "Parnahyba", e, depois, para o "Alagoas". Logo que chegou à canhoneira, a princesa Isabel pediu a seu esposo, conde d'Eu, que escrevesse uma carta de recomendação para que continuassem as obras da construção da igreja Santa Isabel em Caxambu:

> Exmo. Sr. Cons. Joaquim Delphino,
> Tendo de retirar-me, bem a pesar meu, deste país, não quero deixar de mais uma vez recomendar à sua proteção, em nome da Princesa e no meu, a conclusão das obras da Capela de Santa Isabel da Hungria, no arraial de Cachambu, município de Baependy. Estas obras pias, projetadas desde seu começo pela Princesa, teve certo impulso

> principalmente devido aos esforços de V. E. e de seu ilustre filho o distinto engenheiro Dr. Christiano Ribeiro da Luz. Seria para nós grande satisfação saber que não fica ela abandonada, mas que marcha para a sua conclusão. Confiado, pois, no espírito religioso de V. E. e de seu digno filho e nos sentimentos da amizade que nos tem mostrado, ouso esperar que mais uma vez tomarão em mão este piedoso empreendimento. Aproveito com prazer esta oportunidade para reiterar-lhe a expressão de meus sentimentos de particular consideração e estima.
>
> Ass. Gastão de Orleans. Bordo da Canhoneira "Parnahyba", Rio de Janeiro, 17 de novembro de 1889 (Macedo, 1944: 213)

Mesmo nesse momento doloroso em que a família dos *Orleans e Bragança* rumavam para o exílio, o casal conde d'Eu e princesa Isabel, a "Redentora", mostrou dignidade e religiosidade escrevendo essa carta.

O pároco de Baependy, padre Marcos Pereira Gomes Nogueira, tinha o dom da oralidade e da escrita. Arrancava lágrimas dos fiéis em suas homilias, e seus textos eram brilhantes. "Celebrou solene *Te Deum* em ação de graças pela mudança do regime sem derramamento de sangue" (Pelúcio: 263). Em artigo, escrito no dia 26 de novembro de 1889, poucos dias depois da proclamação da República no Brasil, o pároco discerniu a respeito do gigante brasileiro chamado "República".

O artigo "A Pátria e sua religião" dispõe que a verdadeira população brasileira, que regia o país, não era apenas a composta de indivíduos que moravam nas grandes cidades, nas metrópoles, onde mesclavam pessoas das mais diversas raças e línguas; o cerne nacional, constituído pelos que conduziam o destino do Brasil, era, sim, composto dos cidadãos laboriosos que viviam nas longínquas vilas, das matas e dos campos do sertão, que colaboravam com o progresso dos arraiais do interior do país. Eram os verdadeiros *oráculos da Pátria*.

> Assim é o Brasil, gigante sul-americano, sendo também um gigante cathólico, precisa ter em sua fronte, entre os signaes do seu

> regime de vida e liberdade, o signal da religião que o guardou no berço pelo santelmo do Cruzeiro, e o dirigio no seu crescimento, até apresentá-lo viril e admirável às nações do mundo (O Apóstolo, 4/12/1889).

O *Brasil República* era visto como um colosso que se soltou das amarras para ser um país, cuja bandeira da Liberdade tremulava aos quatro ventos. "Nós brasileiros, membros desse colosso, somos um povo cathólico de coração, e queremos logicamente que a cabeça do gigante incline-se, quando elle dobra os joelhos diante dos autares do Salvador Jesus, que deu a própria cruz como segurança de seu amor à nossa pátria" (ibid.).

Humildemente, o vigário Marcos colocou-se como um padre que, há mais de 20 anos, em uma paróquia de doze mil almas, em Santa Maria de Baependy, pastoreava, pacificamente, seu rebanho, "no seio de cujas famílias, quase todas, tenho entrado para compartir suas dores e alegrias", e mostrava a mais íntima união com seus paroquianos; o bom povo o amou, e ele também os amava. Colocou seu pastoreio a serviço da Pátria, que começava como uma grande "República Sul-americana".

Amigo fiel de Nhá Chica, sempre atencioso para com as necessidades do povo baependyano, compartilhando alegrias e tristezas, mostrou-se, então, preocupado com o rumo da Igreja na recém República Brasileira.

MÃE DOS POBRES

Em tempo de carestia, aumentava, e muito, o número de mendigos em Baependy. Mas também havia um constante número de pessoas carentes na cidade. Sempre com disposição, Nhá Chica cuidava dos pobres, principalmente dos pedintes que viviam nas ruas, sem condições de trabalhar por causa de alguma doença.

Os mendigos em Baependy, na década de 1890, tinham como principal causa as doenças: elefantíase; chagas; aleijados por causa de gota e gálico, como constam no livro de *Memórias Municipais da Câmara de Baependy*. E um dos meios de prevenir as doenças e curar os doentes era a criação de um Estabelecimento de Caridade local.

Eles eram pobres, precisavam uns dos outros, por isso se ajudavam e se amavam. Por Nhá Chica estar sempre com eles, no bairro mais simples e pobre de Baependy, ofertando comida e palavras do Evangelho, ficou ternamente denominada de: *Mãe dos Pobres*.

MORTE DO AMIGO FÉLIX

Cinco anos depois de terminar seu testamento e nele incluir Félix, escravo alforriado, Nhá Chica ficou sem o estimado amigo, que era parte da família. O vigário Marcos Pereira Gomes Nogueira deixou escrito na certidão de óbito:

> Aos vinte de maio de mil oitocentos e noventa e tres, nesta cidade, faleceu confessado Félix, preto, africano, solteiro, de oitenta anos de idade, liberto[2].

Distintamente, houve encomendação do corpo com solenidades e acompanhamento pela *Irmandade de Nossa Senhora do Rosário*. O sepultamento se realizou no cemitério de Nossa Senhora das Mercês.

Um grande pesar tomou conta de Francisca de Paula de Jesus. Em seu julgamento, achava que ela ia morrer antes do velho Félix, tanto que o colocou em seu testamento. Mais uma vez, mostrou que para ela nada pedia a sua "Sinhá", nem a visão do futuro, nem o fim dos percalços do

[2] Arquivo Paroquial de Baependi, MG.

caminho, nem mesmo uma dádiva a mais, além de viver em completa harmonia com Nossa Senhora da Conceição para o bem dos que a rodeavam e dos que a ela procuravam.

Pedir para os outros era ótimo, pedir para ela o seria, também. Mas isso ela não o fez. No comprometimento de humildade e obediência, ficou lacrada a palavra EU, sob a bênção de Nossa Senhora.

HENRIQUE MONAT

O médico e hidrologista Henrique Monat[3], homem culto, viajado, em 1890 retornava de uma estadia na França, onde aprimorou suas atividades de cirurgião. "A bordo do vapor francês Nerthe, regressou ontem da Europa, com sua família, o estimado clínico Dr. Henrique Monat" (*O Paiz*, 11/05/1890). Era notícia no Rio de Janeiro.

Tornou-se um hidrologista conceituado no país, sempre atento às estâncias hidrominerais brasileiras; incentivou o consumo dessas águas e, em algumas localidades, solicitou "privilégio à câmara municipal de S. João d'El-Rei para engarrafar as águas ferruginosas daquela cidade, propondo-se a tomar a si o aperfeiçoamento e aproveitamento dellas, de modo a franquear ao público seu uso e gozo" (Minas Gerais, 1892: 320).

Deslocou-se, de trem, do Rio de Janeiro para Caxambu para estudar as águas minerais daquela localidade. A viagem foi uma verdadeira aventura. Monat era titular da *Academia Imperial de Medicina* e fundador da *Sociedade de Medicina e Cirurgia do Rio de Janeiro.*

[3] Henrique Alexandre Monat nasceu em Salvador no dia 6/6/1855, filho de Henri Honoré Monat e de Flávia de Borja Castro Monat. Em Paris, no Liceu Bonaparte, fez estudos desde a primeira infância. Retornando ao Brasil, iniciou os estudos médicos na Bahia, passando um tempo no Rio de Janeiro e colou grau em 1879 em Salvador. Mudando-se para a cidade do Rio de Janeiro, começou o exercício da profissão como preparador de Anatomia Descritiva da Faculdade de Medicina do Rio de Janeiro. A par de sua profissão, também fez concurso para a cadeira de Língua Francesa do Colégio Pedro II, nomeado para essa cadeira em 10/04/1900. In: *História... de Fato.* Paulo Paranhos.

Em sua estadia no sul de Minas, além de Caxambu, foi também visitar a cidade de Baependy, pontuando três lugares: a cadeia pública, o cemitério e Nhá Chica.

Seu relato é importantíssimo para maior conhecimento a respeito de Francisca de Paula de Jesus. Olhando mais atentamente, sem descuidar das providências de Nossa Senhora a Nhá Chica, podemos afirmar que foi proposital a ida de um médico, descrente, apontado até mesmo como ateu, para entrevistar a *Santinha de Baependy*, descrevendo "com fidelidade e meticuloso cuidado" tudo o que viu e escutou em Caxambu e Baependy (*O Paiz*, 23/2/1895).

Por causa de sua integridade em relatar fatos, por sua perspicácia científica e pela neutralidade religiosa, dr. Monat era sempre convocado para participar de diversos julgamentos, como foi na segunda sessão ordinária de São José, em que compôs a mesa com 27 jurados, no Rio de Janeiro, conforme publicado no jornal *O Paiz* de 11 de agosto de 1894.

Hábil cirurgião, muitos doentes a ele recorriam, tinha seu consultório à rua dos Ouríveres, n. 75, onde prestava atendimento das 13h às 15h. Residia à rua dona Luiza, n. 15 na cidade do Rio de Janeiro. Há um depoimento emocionante de José Ferreira de Carvalho, publicado no jornal *O Paiz* de sete de agosto de 1890, em que agradece ao médico Monat o sucesso da intervenção cirúrgica a que foi submetida sua filhinha para a retirada de um lipoma: "Dou ao distincto médico testemunho público da gratidão de um pai a quem foi restituída em plena saúde a filha que constitue o mais caro dos penhores de sua vida". Concluiu com emoção.

Ao descrever no livro *Caxambu* seu colóquio com Francisca de Paula de Jesus, Monat citou que, ao se despedir, agradeceu a atenção com que ela o recebeu, especialmente porque, "armado de lápis", tomava nota de tudo o que ela respondia. Ficou nele um alerta para que "lesse bem o papel para ser verdadeiro quando contasse o que tinha ouvido", deixando, assim, no próprio livro a certificação da veracidade da obra (Monat, 1895:98).

RESPEITO

Na época em que dr. Monat esteve com Nhá Chica, ela já era conhecida em todo sul de Minas. Falavam de suas proezas: levitações e previsões. Eram comuns os comentários a respeito de Nhá Chica lhe impondo o título de "feiticeira" ou, até mesmo, "curandeira", que a todos recebia com disposição, fazendo profecias, desvendando o futuro. O misticismo em torno do nome Nhá Chica era muito difundido.

Alguns iam vê-la como quem vai ler a sorte. Para esses, dr. Monat deixou um recado: "Todos são bem recebidos, todos obtêm uma resposta, um conselho, uma promessa de oração; mas, cuidado, é preciso simular, ao menos, respeito, gravidade" (ibid.: 92).

RUA DAS CAVALHADAS

Capela Nossa Senhora da Conceição, Baependy, MG, s/d.

Foi com a intenção de conhecer essa Serva do Senhor que o doutor subiu a Rua das Cavalhadas. Lá "no alto de uma collina vê-se a igreja muito modesta; nos fundos, bate-se a uma portinha sempre meio cerrada; – 'Entre' – grita ella com uma vozinha secca, fina" (ibid.: 93).

Sempre disposta a receber visitas, a porta ficava entreaberta, pois, como beirava a rua, se totalmente aberta, não teria privacidade de conversar com os que a procuravam. O médico Monat empurrou a portinha, entrou e foi recebido com sorriso de boas vindas por Nhá Chica e por "um senhor, que encontrámos quando entrámos, a ouvir muito respeitosamente a boa velhinha" (ibid.: 95). Local agradável, cômodo simples. "E' ahi que ella recebe a todos indistinctamente, sempre alegre" (ibid.).

MORADIA

Tudo o que viu ficou marcado em seu coração e em seu caderno. Olhos de quem percebe os pormenores, olhar cirúrgico. "Penetra-se n'uma sallinha de aspecto monacal, aceiada, bem caiada, sempre meio escura, porque a janella e a porta nunca se abrem de todo; o chão de terra batida; a mobilia consta de seis cadeiras, dous bancos de páo, mesa, uma marqueza sem colchões nem lençóes" (ibid.: 91).

Para a percepção de Nhá Chica, também, nada lhe escapava. Vendo a atenção do doutor por tudo que o rodeava na casa, informou que aquela cama, sem colchão nem lençol, era onde dormia... mas, nem sempre!

A casa tinha muitos frequentadores. A toda hora uma, duas, três ou dezenas de pessoas iam ver Nhá Chica, pagar promessa, levar um presente para a capela ou mesmo pessoal, pedir comida ou algum outro auxílio material, informar sobre acontecimentos do dia ou pedir que ela orasse a Nossa Senhora para alguma previsão, mas era raro aparecer alguém para entrevistá-la.

> "Quando cheguei estavam sobre a mesa umas velas de cêra, castiçaes de altar, offertas que acabava de receber" (ibid.: 94) e que, certamente, foram de grande utilidade na capela de Nossa Senhora da Conceição.

Ao se apresentar, o dr. Henrique Monat mostrou seu antigo desejo de saber por intermédio da própria Nhá Chica a narração das *profecias* que ela tinha feito e, também, a de seus *milagres*. Ele já conhecia alguns relatos de terceiros. Há pelo menos mais de 30 anos a fama de Nhá Chica ultrapassou as fronteiras mineiras, indo parar em São Paulo e no Rio de Janeiro. Por darem várias denominações à *Santinha de Baependy*, o médico resolveu apelar por uma delas e a chamou de *Sybilla*.

Ela não aceitou a denominação: "Não sou sybilla, disse ella sorrindo, mas satisfeita pelo cumprimento, nem nunca fiz milagres: **eu rézo a Nossa Senhora, que me ouve e me responde**; é por isso que posso responder com acerto, quando me consultam, e affirmar o que digo" (ibid.). Mostrando, Nhá Chica, que a humildade é a base para a santidade.

Durante sua estadia em Caxambu e Baependy, o médico Monat perguntou a respeito de Nhá Chica para algumas pessoas: "é uma santa, dizem uns; uma modesta buenadicha asseveram outros; não cultiva a magia, a feitiçaria, a chiromancia, o esoterismo, as sciencias occultas, o magnetismo, nem o hypnotismo" (ibid.: 91). Verdadeiramente, Nhá Chica, era a autêntica cristã.

Questionou, também, ao vigário padre Marcos Pereira Gomes Nogueira, que lhe informou: "Nhá Chica é simplismente uma pobre mulher **analphabeta**, uma fiel **serva de Deus** cheia de **fé**, (...), muito **esmoler**, que á força de **ser consultada**, e de ver aceitos seus conselhos, convenceu-se de que o céo inspira suas respostas" (ibid.).

BOA VONTADE

Dentro de seu *analfabetismo* das letras, mostrou-se alfabetizada da *Fé*. Não dava apenas conselhos, pois falava, com precisão de detalhes, as mais incríveis profecias, sem deixar para si as glórias das previsões. Várias vezes ela não aconselhava, ao contrário, ela dizia com firmeza que isso ou aquilo estava em andamento ou ia acontecer.

Em sua simplicidade de *Serva de Deus*, não negava ajuda aos pobres, aos famintos por um prato de comida e, também, aos famintos por uma oração; realmente... *muito esmoler*.

> "De bôa vontade responde a todos, sem se suppôr prophetisa nem sybilla, disse-me ella. "**Eu repito o que me diz Nossa Senhora e nada mais**" (ibid.).

E, sempre, recebia de sua "Sinhá" as mensagens direcionadas aos que a *consultavam*, sendo palavras de conforto ou de desconforto, não vinha de uma mágica interpretação. Passava, *na íntegra, as palavras que Nossa Senhora lhe dizia*. Às vezes, sem nem saber o significado de alguma palavra.

OPINIÃO DE DOUTOR

Depois de muito escutar a respeito de Nhá Chica, ao conversar com ela, dr. Monat formou sua própria opinião e se colocou a respeito: "Não é, portanto, uma rival de Melle Lenormand, nem das cartomantes da Rua S. José ou do becco do Cotovello. Não corre, pois, riscos de ser queimada viva, nem de ter de explicar a policia como se lê no pó de café a ingenuidade humana".

Até então, ele havia colocado somente as opiniões que colheu em suas andanças pelo sul de Minas, São Paulo e Rio de Janeiro. Aliás, ele mostrou-se cuidadoso ao avaliar os "poderes" de Nhá Chica. Como médico conceituado que era e, também, por saber da existência de uma curandeira, a qual ele colocou como sua rival, "tambem não é a curandeira que faz milagres no tratamento das doenças das ourinas, a minha rival, que não consegui ver", fazendo um desabafo (mostrando que era prevenido às falsas curandeiras), foi sincero na avaliação sobre Nhá Chica: "não é a feiticeira, que magnetisa os passarinhos e cura bicheiras" (ibid.); toda barreira que tinha caiu por terra, não teve como, pois o amor que emanava de Nhá Chica sempre supria as pessoas de seu entorno com dádivas benevolentes. Bastava estar perto dela.

No Rio de Janeiro, São Paulo e Minas Gerais existiam muitas videntes: cartomantes, quiromantes e outras mais que ficaram famosas pelos prognósticos de enfermidades, pelas visões do futuro e, como diziam, por até algumas curas. Dr. Monat era um médico estudado e bem informado. Uma dessas tais feiticeiras morava no estado do Rio de Janeiro e era, também, dotada do nome "Nhá Chica"; era tão famosa que até mesmo os jornais cariocas publicavam a seu respeito. Ela morava "ao fundo de uma espessa alameda de bambus, escondida pelas árvores frondosas", em um local paradisíaco.

"Nhá Chica curava, diziam todos pela vizinhança, não só as dores physicas, como também as dores da alma. A sua porta vinham o rheumatico e o descrente, o cego e o desiludido, o paralytico e o desconsolado, e a todos - as benzeduras, as tisanas e as rezas curavam, como por encanto. E a fama da feiticeira corria de boca em boca" (*Gazeta de Petrópolis*, 14/9/1899). Cita-se que uma das dádivas dessa tal "feiticeira" era conter em um frasco uma água milagrosa vinda do rio Lete, sob o domínio de Hades, a qual trazia esquecimento a quem a tomasse.

A ALEGRIA

Ao longo de sua jornada em Baependy, dr. Monat já havia visitado dois locais que muito o desagradou, não se sentiu acolhido e ficou desanimado com a cidade. Ao conhecer Nhá Chica, obteve outra visão, que lhe deu paz e alegria. Foi quando recomendou: "Nhá Chica é uma visita obrigada quando se vae em Baependy; a todos ella recebe com bondade" (Monat: 92).

Alegremente, Nhá Chica passou ao visitante doutor algumas profecias feitas por Nossa Senhora para a vida dos que ali iam pedir auxílio. Disse a ele "ainda outros milagres" vindos de sua "Sinhá".

Sempre com uma felicidade constante em narrar um pouco os favores e as graças que Nossa Senhora dedicava às pessoas crentes, Nhá Chica contava e contava... depois parava e "dava um estalinho batendo com uma mão na outra, e repetia: "E 'porque eu óro com fé'" (ibid.: 94). Nesse gesto de alegria, batia uma mão na outra, de uma forma que até produziam um estalinho, como uma criança que está em plena felicidade, mostrando que a Fé é deixar-se levar pelas mãos de Maria, que acompanha no caminho até Jesus. Momento lúdico que bem provável trazia uma doce recordação da criança Francisca em companhia da mãe Izabel.

A FOME

Mercado de Baependy.

14 de Março de 1885.

Polvilho	decalitro.	$	2$000
Milho	«	$	$320
Fubá .	«		$500
Farinha de milho	«	$640	$700
D.ª de mandioca sup.	«		1$500
Feijão preto.	«	$	1$250
Dito de côr.	«		1$250
Batatas inglezas.	«		$400
Arroz branco pil.	«		2$000
Dito vermelho .	«		$
Toucinho	15 kilos		8$000
Carne de vacca	«		4$800
Assucar branco de Minas	sacca		12$000
« redondo claro. .	«	9$000	10$000
« mascavo. «	«	$	6$000
Assucar branco 2.ª de Pernambuco	15 k.		6$000
D.º redondo	«	$	4$000
Café superior (Ha falta)			$
Aguardente de 19.º, cargueiro		22$	24$000
Dita de 18.º	«		22$000
Rapaduras	duzia		1$000
Frangos	1	$240	$280
Gallinhas	1	$320	$360
Ovos duzia			$320
Queijos	1	$	$500
Sal do Rio	«		2$200

Publicação do preço dos mantimentos, Baependy, MG, s/d.

Em tempo de carestia, tudo estava difícil. Nhá Chica sabia disso, tinha compreensão dos preços. Afinal, foi com sabedoria e discernimento que conseguiu, com ajuda de muitos amigos e conhecidos, a construção da Capela.

Sabia o preço do material empregado na construção e também o preço dos produtos alimentícios. Sempre atenta à variação comercial dos gêneros de primeira necessidade, seus pobres não ficavam sem alimento. Comentou: "Mas os homens parece que estão embrulhando tudo; um carro de lenha já custa dez mil réis, uma gallinha já custa mil réis, um ovo dous cobres e meio; em que terra já se viu isto? O milho está subindo" (ibid.: 96).

Por que ela se interessava pelo preço dos produtos? Porque alimentava os pobres e, também, tinha compaixão por aqueles que não conseguiam mais comprar o básico da alimentação. Cozinhava em fogão à lenha. A comida que vinha de suas panelinhas saciava a fome de muitos.

"Alguns visitantes deixam-lhe esmolas, que ella reparte com os pobres e sua igreja" (ibid.: 92). Recebia gêneros alimentícios e também o parco dinheiro dos devotos de Nossa Senhora, os quais revertia em alimentos para os mais necessitados e ainda contribuía para as melhorias da capela.

A CAPELA

Comentou que seu único medo era o de não poder acabar a capela de Nossa Senhora da Conceição, a qual dr. Monat queria muito conhecer. Nhá Chica confiou a chave ao médico, que foi com o senhor Jerônimo José Teixeira Júnior, amigo pessoal de Nhá Chica, visitar o templo.

A capela era perto, tendo "um pequeno muro ao lado" que dava para a rua das Cavalhadas. "Sobem-se alguns degraus de pedras, ganhando-se a porta principal" (Pelúcio: 139).

Aproveitando que estavam na capela e, até mesmo, pelo fato de estarem a sós com dr. Monat, esse senhor, antigo amigo de Nhá Chica, sentiu necessidade de dar seu testemunho sobre algumas passagens as quais Monat nomeou "sobrenaturaes".

> Foi ella quem me aconselhou a sahir de Baependy; dizia-me ella que fosse para uma cidade grande.
>
> Com effeito aqui eu levei a vegetar muitos annos; em S. Paulo fui feliz e fiz um peculio; por isso quando voltei a minha terra mandei dourar os altares da igreja de Nhá Chica.

> Uma vez aconselhou-me ella a desistir de uma demanda; não obedeci, perdi, apezar de estar cheio de razão (Monat: 97).

Esse senhor precisava de uma intervenção cirúrgica, por isso foi obter a "approvação prévia de Nhá Chica", para saber se devia submeter-se a esse procedimento.

> A igreja agrada muito pelo aceio e o zelo com que é conservada; quasi toda a ornamentação, imagens, vasos, alfaias, orgão, lampadas, são offertas feitas a Nhá Chica, que não cessa de repertir os nomes dos que têm contribuido para usa obra, especialmente o do fallecido Visconde do Cruzeiro (id.: 98)

Visconde do Cruzeiro, Século XIX[5].

Advogado e político brasileiro, dr. Jerônimo José Teixeira Júnior foi agraciado com o título de Visconde do Cruzeiro[4], exerceu os cargos de ministro da Agricultura, Comércio e Obras Públicas, em 1870. Foi diretor do Banco do Brasil, ministro da Agricultura e dos Transportes, deputado Provincial, deputado Geral e senador do Império de 1873 a 1889. Participou ativamente no senado com sua política antiescravagista.

[4] Durante o *1º Encontro de Estudos sobre Nhá Chica*, em 2004, Baependi, o conferencista dom Luciano Mendes de Almeida disse que o *Visconde de Cruzeiro* era, realmente, uma pessoa que ele prezava muito, pois o Visconde era o pai da avó de d. Luciano.

[5] Coleção de Waldyr Cordovil Pires. Rio de Janeiro. In: Ficheiro – Wikipédia, a enciclopédia livre.

Faleceu dia 26 de dezembro de 1892, mesmo ano em que mandou dourar o altar da capela Nossa Senhora da Conceição. Um mês antes de falecer, esteve em Roma e adquiriu uma linda imagem de Nossa Senhora da Piedade, com a qual presenteou essa estimada capela, em Baependy.

> Era muito devoto de minha igreja aquelle santo homem (Visconde do Cruzeiro); todos os annos me fazia uma offerta de valor, amanhã mando rezar uma missa solemne no altar, (...) vou mandar dobrar os sinos desde muito cedo. De lá bem-aventurança elle me ha de agradecer (ibid.).

Nhá Chica pensou no amigo até mesmo depois da morte dele, fazendo um gesto de agradecimento ao mandar celebrar missa, demonstrando afeto com quem em vida soube ser seu amigo.

A DESPEDIDA

Hora da despedida. Era a vez de o doutor Monat passar os umbrais santos daquela residência, tendo em mãos anotações importantes. Ele não estava só, outras pessoas também se despediam, e Nhá Chica a todos agradecia a atenção, especialmente ao médico. Talvez prevendo que as palavras que ela lhe disse sempre ecoariam no coração dos que lessem o livro *Caxambu*.

Os visitantes já saíam da casa de Nhá Chica quando algumas mulheres entraram "pedindo a chave da igreja para cumprirem uma promessa; traziam velas de cêra e um prato com esmolas, colhidas pela cidade" (ibid.). Assim era o cotidiano da *Santinha de Baependy*, uma ilha de amor cercada de amigos por todos os lados.

"Exemplo de virtude, de abnegação, espírito de caridade, dominado pela fé, ella é uma inoffensiva buenadicha, convicta, mas que nunca se quiz impôr; habituaram-n'a ao papel de adivinha, ella o tomou a sério e o faz sem esforço", pois suas profecias se concretizavam ao longo dos anos.

Para um médico que era cotado como ateu, dr. Monat foi eloquente ao finalizar sua entrevista com Nhá Chica. Podemos dizer que tudo já estava escrito por Nossa Senhora da Conceição, a Mãe que atendia aos pedidos de previsões de sua filha Nhá Chica, sempre em prol dos que a ela recomendavam.

O médico Monat teceu ali, naquela entrevista, o agasalho santo para aquecer o espírito dos que encontravam em Nhá Chica uma intercessora no Céu, pelas causas mais difíceis. Sim, Monat previu uma das mais belas páginas da religiosidade brasileira:

> Há quem já anteveja sua **beatificação** e ulterior **canonisação.**
> **Santa Francisca de Baependy**!
> E por que não?
> Por que é pouco versada em política, em astronomia, em metrificação?
> Outros santos, menos milagrosos, foram mais pobres de espírito.
> Santa Francisca de Baependy, ora pro nobis!
> Amen.

Mais uma mostra do poder divino ficou impressa em nossa história; a visão profética do dr. Monat. A ele toda honra em relatar sua visita a Baependy e por redigir tão significativo texto a respeito da Serva Francisca de Paula de Jesus, Nhá Chica!

A FOTOGRAFIA

"O Dr. Monat, em sua magnífica monografia sobre Caxambu, consagra um capítulo a Nhá Chica e nelle refere casos muito interessantes de boa velhinha, cujo retrato orna uma das páginas do livro" (*O Paiz*, 18/6/1895).

Fotografia de crédito desconhecido foi publicada no livro *Caxambu*. Uma cópia dela foi oferecida por Nhá Chica ao amigo Jesuino Baião[6], primeiro hoteleiro da cidade de Baependy, com quem almoçava todas as segundas-feiras. O presente ficou com a família Baião até 1981, ocasião em que foi oferecida à igreja de Nossa Senhora da Conceição.

Nhá Chica, Baependy, MG, 1895.

O Senhor Jesuino Baião era figura importante na sociedade baependyana. Participou da *Junta Parochial* lavrando as atas como escrivão e secretário (1880), fornecia marmita para a cadeia sendo bem quisto pelos encarcerados, que sempre pediam à ***Câmara para que fosse*** "conservado o cidadão Jesuíno Pereira Baião como fornecedor de alimentação deles, visto o bom trato, zelo e asseio com que os têm tratado", foi tipógrafo do jornal *O Baependyano* e dono de hotel (*O Baependyano*, 10/08/1884).

O traje de Nhá Chica sempre foi simples, até modesto demais. É bem provável que tenha usado o bonito vestido exclusivamente para o registro da fotografia. "Acredita-se que usasse a sombrinha não como adorno, mas no auxílio do caminhar de uma pessoa idosa, pois naquele tempo o uso de bengala era proibido às mulheres."[7]

Há outra questão para o uso da sombrinha, que na época era denominada guarda-sol. O historiador José Alberto Pelúcio fez referência à predileção que os cativos libertos nutriam pelo guarda-sol, que se tor-

[6] Dado que consta no *Museu Nhá Chica*, Baependi, MG.
[7] *Id.*

nou, para eles, apoio indispensável, alegoria de liberdade. "Oh! aquele guarda-sol era um símbolo, instintivamente usado, pois, na mão ou debaixo do braço, devia dizer a todos, em uma expressão eloquente, que seu portador era um homem (mulher) livre" (Pelúcio: 69). Certamente, Nhá Chica viu-se liberta da precisão de bens materiais para aumentar seus bens espirituais.

AS PROFECIAS (de todos os tempos)

Chico de Assis

"Não devemos desprezar ninguém, irmão Leão. Ademais, cada ser vivo tem sua história e quando a conhecemos, quer que se trate de um homem, de um animal ou de um pássaro, não se pode deixar de amá-lo" (Kazantzákis: 221).

Chica de Baependy

Entre os ilustres que visitaram a região de Baependy estavam a princesa Isabel, o conde d'Eu, o visconde do Cruzeiro, o médico Henrique Monat, o bispo de Olinda etc. A região era bem conhecida, e muitos dos visitantes foram ver Nhá Chica. Alguns em busca de uma resposta a respeito do que lhes aguardavam no futuro.

"Aconselhava a todos, dos mais humildes aos conselheiros do Império. Por sua alma caridosa, tornou-se conhecida como a *Mãe dos Pobres*. Com sua fé, caridade, amor ao próximo e desprendimento total, acalentou quem foi em busca de uma palavra amiga, da resolução de um problema, da dissolução de uma dúvida ou dívida" (Sacramento: 141). Sem distinção, acolhia a todos com alegria e atenção, por isso sua fama ultrapassou as fronteiras de Minas Gerais, e pessoas, das mais simples às mais importantes, recorriam às predestinações de Nhá Chica.

"Os que se dirigiam a Caxambu, para veraneio ou se aproveitarem da fama curativa das águas, passavam por Baependi para visitar, agradecer e pedir graças, e serem abençoados pela 'santinha' do Rio das Mortes" (ibid.: 150). E, sempre, saíam com alguma resposta ante o questionamento de seus corações. A capela tornou-se lugar de acolhida, "para o qual voltam olhos cheios de esperanças, os visitantes que para lá se dirigem, buscando um lenitivo, aos pés da Virgem da Imaculada Conceição" (Pelúcio: 139).

I. NA ORALIDADE DOS BAEPENDIANOS

A FAMÍLIA DO SACRISTÃO

O sacristão era "dotado de rara inteligência, pois era pintor e escultor, tendo feito várias imagens de grande valor artístico" (Pena: 15); mesmo assim, ele e a família estavam passando necessidade.

A esposa, dona Rita de Cássia, fazia a novena das *Três Horas da Agonia* pedindo ajuda para saírem daquela situação tão precária, quando o conde de Baependy bateu à porta os procurando, pois havia se afeiçoado por uma das filhas do sacristão, e, dadas as condições precárias de seus pais, pediu a permissão para levar a criança de nome "Claudiana" para o Rio de Janeiro, a fim de lhe dar uma boa educação.

Além desse pedido, o conde supriu as necessidades pelas quais passava a família do sacristão. Os pais da criança pediram o conselho de Nhá Chica, que lhes informou que a criança seria feliz no Rio de Janeiro. Então, muito a contragosto, os pais permitiram que o rico casal levasse a filha.

Algum tempo depois, o casal voltou e sanou todas as dívidas da família do sacristão, além de convidá-lo e toda sua família para morarem no Rio de Janeiro, onde seria providenciado um emprego com garantia de vida tranquila. Novamente, o sacristão foi consultar Nhá Chica, que o aconselhou a não ir.

"Não deveis ir para o Rio... Lá tem tudo arrumado, casa, móveis, colocação, tudo enfim, mas não devem ir... Deixai lá vossa filha, ela será muito feliz" (ibid.: 12).

Triste, o casal foi adiando a ida para o Rio de Janeiro. Sem entender o porquê, mas obedientes a Nossa Senhora da Conceição, renunciavam a uma oportunidade de melhorar de vida. A mudança foi diferida.

Com o passar dos meses, uma grande mudança aconteceu no país: foi proclamada a República. Dessa forma, os benfeitores perderam a nobre condição e seu prestígio na corte. Se o sacristão tivesse se mudado para o Rio com sua numerosa família, tornar-se-ia um desempregado. Certamente, passariam dificuldades financeiras.

Alguns anos depois, a filha casou-se "com o conceituado engenheiro, doutor Pedro F. Viana de Silva" (ibid.: 18), tornando-se um amparo para os pais e para os irmãos. Como predisse Nhá Chica, no Rio de Janeiro, a filha do Sacristão foi muito feliz.

FILHO ILUSTRE DE BAEPENDY

Um ilustre filho da cidade de Baependy foi nomeado presidente de uma província distante. A viagem era longa e o recém-nomeado para assumir o governo empreendeu morosa viagem a cavalo.

"A mãe do nomeado, procurando Nhá Chica, ouviu desta que seu filho tomaria posse do cargo" (ibid.: 22), porém não voltaria vivo para a cidade de Baependy. Realmente, ele ficou enfermo e faleceu no retorno a sua cidade natal.

EM TUA CASA TEM UMA CONCEIÇÃO

Em plena festa da Imaculada Conceição, organizada magistralmente por Nhá Chica, participava da missa o fazendeiro senhor Cornélio Joaquim Pereira, ficando em sua casa a esposa prestes a dar à luz. Após a celebração, Nhá Chica tocou no ombro do amigo fazendeiro e o informou que na casa dele já existia uma "Maria da Conceição". Muito feliz, o fazendeiro fez questão de convidar Nhá Chica para ser madrinha de sua filha.

Mas, lembrando-se dos conselhos de sua mãe Izabel, para não ser comadre de ninguém e não morar com ninguém, Nhá Chica se esquivou do compromisso, dizendo que não podia, propondo uma dádiva melhor: "Será então N. Sra." (ibid.: 14), entregando ao fazendeiro a oferta de uma corrente de ouro com uma medalha de Nossa Senhora da Imaculada Conceição de presente para a recém-nascida. Ao chegar a casa, o fazendeiro constatou que tudo ocorreu conforme anunciado por Nhá Chica. A criança foi batizada com o nome de *Maria da Conceição.*

NUBENTES

Em certa oportunidade, Nhá Chica foi procurada por veranistas que faziam tratamento com as águas minerais em Caxambu. Pediram para que ela orasse pela felicidade de nubentes que, no dia seguinte, iriam se casar no Rio de Janeiro.

Em oração, diante de Nossa Senhora, a *Serva de Deus,* Nhá Chica, ficou ciente de que o casamento não se realizaria. O que causou estranheza aos veranistas, que voltaram para Caxambu e, alguns dias depois, receberam uma carta confirmando que o casamento não havia se realizado.

ESPOSA DE COMERCIANTE

Certa vez, uma jovem baependyana, com uma amiga, procurou Nhá Chica para saber se ela se casaria com certo negociante da cidade por quem estava afeiçoada. Nhá Chica, depois de orar, falou para a amiga da jovem pretendente: "Você está mais com cara de ser a noiva" (Pelúcio: 158).

Mesmo, no momento, sem ter essa pretensão, mais tarde, foi essa amiga quem se tornou esposa do tal comerciante.

NOIVO EM OUTRO MUNICÍPIO

Outra jovem de Baependy ficou de casamento tratado com um jovem de outro município; inclusive preparava o enxoval. Porém, na véspera do enlace, nem chegou o noivo, tão pouco algum recado enviou.

Sem notícias e sem mesmo saber se o compromisso estava desfeito ou não, os pais da noiva procuraram Nhá Chica, que, depois de orar, explicou: "O casamento de sua filha não se realiza; há por lá uma coisa atrapalhando-o" (ibid.). Realmente o casamento não se realizou.

MEIO DE TRANSPORTE

O escoamento da produção de tabaco, elaborado em Baependy, destinado às Províncias do Rio de Janeiro e de São Paulo, era feito por tropas de bestas muares, animais de alto valor. Algumas delas até mesmo eram alugadas, "um limitadíssimo aluguel, que não chega de certo para saldar qualquer prejuízo de mortes de bestas" (*Revista do Arquivo Público Mineiro*: 151).

Animais, como: cavalo, égua, burro, mula, boi, eram usados como meios de transporte. Valiam um bom dinheiro para seus donos. Quando sumiam, era motivo de preocupação; havia leis estipulando duras penas para os ladrões.

O dono da fazenda Conquista (região de Baependy), Senhor *Joaquim José Bernardes*, anunciou no jornal *O Baependyano* o desaparecimento, na noite de 11 para 12 do mês anterior, de seu animal, uma besta, de cor vermelha, bonita, "ainda pouco certa de rédea, com uma muda para derribar, creoula, não tem marca alguma, é boa marchadeira a qual estava negociando com o Sr. Luiz Cobra". O filho do fazendeiro, cansado de buscar o valioso animal da tropa de seu pai, depois de vários dias de procura em vão, foi consultar Nhá Chica. Ela, depois de orar, disse-lhe para ir, sem perda de tempo, seguindo as margens do Rio Verde, até chegar a um determinado lugar onde encontraria um bando de ciganos. Descobriu que o animal estava "em poder de um bando de ciganos, um dos quais, chamado Cândido, no município de Pouso Alegre", e pediu auxílio às autoridades competentes para recuperar sua propriedade. Baependy, 23 de novembro de 1878 (*O Baependyano*, 12/1/1879).

RESGATE DE UMA TROPA

Um fazendeiro de Baependy, comerciante de tropas, de retorno a seu município, teve os melhores animais de sua tropa extraviados. Desesperado, já pressentia o grande prejuízo. Recorreu a Nhá Chica. Ela lhe informou que os animais estavam a salvo e já se dirigiam para a casa, o que foi constatado logo a seguir.

CAVALO PERDIDO

Outro senhor foi vítima do desaparecimento de seu cavalo. Procurada, Nhá Chica lhe informou que o animal não estava sumido, mas sim atrás da casa e que logo chegaria montado pelo filho, o que se realizou em seguida.

SEM NOTÍCIAS

O caso de Francisco de Luiggi, tropeiro transportador e vendedor de feijão, que desapareceu: Nhá Chica foi procurada e informou que "nunca mais terão notícias dele, nem vivo e nem morto: só no Céu". Apesar das grandes somas de recursos despendidas pelo pai, jamais o filho foi encontrado.

MENINO PERDIDO

Em certa fazenda da região, morava um senhor e seus numerosos filhos, dentre eles um menino de seis a sete anos de idade. Esse menino era "um tano prejudicado" (Pena: 19). O menino tinha o hábito de ir logo cedo para a casa de uma das empregadas da fazenda e voltava somente à tarde, com essa empregada. Certa feita esse menino desapareceu, colocando em polvorosa a todos.

Depois de todos os meios empregados para encontrá-lo, procuraram Nhá Chica. Diante de Nossa Senhora, em contrita oração, recebeu a informação de que a criança encontrava-se dentro de espessa mata, em meio a um cipoal, perto de uma limeira; mas, quando fosse encontrada, já estaria morta.

Os pais, ao receberem a mensagem, imediatamente se empenharam na busca, pois talvez daria tempo, já que a criança estava viva. O fazendeiro empregou "todos os esforços, removendo a mata com inúmeras pessoas" (ibid.: 20); durante vários dias, não se deixando desanimar. Depois de muitos dias sem sucesso, empenhou-se em demolir a mata. Foi quando, finalmente, encontrou seu filho, já em fase de esqueleto, bem no meio do cipoal, perto de uma limeira.

NOTÍCIAS DO VOVÔ

Os pais de certo funcionário federal vieram da Europa para Baependy, e, no país de origem, ficou o avô desse funcionário. Depois de dois anos, mais ou menos, sem receber notícias do avô, julgaram que ele já havia morrido.

Recorreram a Nhá Chica, que, depois de oração diante da Virgem, teve a informação de que o avô estava vivo e que, em poucos dias, receberiam notícias. Realmente, depois de alguns dias receberam uma carta do avô.

RESPEITO É BOM

A cidade de Caxambu ficou famosa por causa de suas águas minerais, recebendo turistas de todos os estados nacionais. Nhá Chica era conhecida pelos moradores e comerciantes dessa cidade. Eles sempre comentavam com os visitantes a respeito da *Serva de Deus*.

Um grupo de veranistas, ao ficar a par dos dons de Nhá Chica, resolveu ir até Baependy falar com a "vidente", no intuito de zombar dos "poderes" da tal "velhinha". Não tinha sabedoria nem discernimento para entender a "santidade" de Francisca de Paula de Jesus.

Foi recebido por Nhá Chica e, em tom de galhofa, um lhe perguntou o número do estabelecimento em que ele era empregado. Enquanto o outro lhe pediu que adivinhasse o nome de sua noiva, que estava no Rio de Janeiro. Sem se perturbar com o tom de zombaria que vinha das perguntas, Nhá Chica orou e respondeu-lhes: " Os senhores estão brincando! Nem o senhor é empregado, nem o senhor tem noiva no Rio".

Eles saíram de lá sorridentes, satisfeitos, pois acharam que haviam desmascarado a "vidente de Baependy", pois, até então, o primeiro tinha um ótimo emprego e o segundo, uma bela noiva.

Ainda em Caxambu, receberam notícias do Rio de Janeiro: o primeiro recebeu a comunicação de que fora demitido do emprego, porque havia excedido sua licença; e o segundo recebeu a notícia de que a família de sua noiva havia desmanchado o compromisso de noivado com ele e que a ex-noiva estava a caminho da Europa.

De uma maneira dolorosa ficaram a par de que a *Santinha de Baependy* tinha realmente dons divinos. Quando ou enquanto a abordaram já não havia emprego nem havia noiva!

CIRURGIAS

A humilde *Serva de Deus*, além de sua caridade junto aos pobres, exercia sua caridade, também, junto àqueles que confiavam nas providências divinas. Estava sempre pronta para orar diante de Nossa Senhora, pedindo-lhe o auxílio necessário para quem precisasse.

Famoso na região, o exímio cirurgião dr. Manoel Joaquim Pereira de Magalhães, toda vez que ia fazer uma intervenção cirúrgica, mandava um de seus netos até a casa de Nhá Chica solicitando proteção.

A *Santinha de Baependy* colocava-se em oração, ajoelhada diante da pequena imagem da Virgem da Conceição, e dizia à criança que aguardasse, pois, quando a chama da vela balançasse três vezes, seria o sinal de que tudo caminharia bem. Após alguns minutos de oração e colóquio com sua "Sinhá", Nhá Chica recebia o sinal e, dirigindo-se até a janela, onde a criança aguardava, dava-lhe o prognóstico necessário.

ZÉLIA

Quatro anos depois da profecia de Nhá Chica com relação à filha do conselheiro João Pedreira do Couto Ferraz, no dia 27 de julho de

1876, com 19 anos de idade, Zélia casou-se com o engenheiro civil dr. Jerônimo de Castro Abreu Magalhães.

Desse feliz casamento nasceram treze filhos! Depois do nascimento de cada um dos filhos, logo que Zélia podia levantar-se, ela e o marido iam até a Capela e sobre o altar colocavam a criança e, juntos, consagravam o filho a Deus.

"Conforme a nobreza da família, eram os nomes dos pais e avós que passavam para os descendentes. Zélia considerava Maria Santíssima como a primeira Mãe de seus filhos, pelo que deu o nome de Maria às oito meninas" (Castro, 1920: 120) e os nomes dos avós e dos santos da devoção do casal aos meninos.

"O dia do Batismo era uma festa, havendo banquete, concerto e, por vezes, baile" (ibid.: 108). Cada um dos filhos usava uma medalha de Nossa Senhora da Conceição presa em uma correntinha no pescoço. Eis a magnífica explicação a respeito de todos terem sido vocacionados à religião católica. Quatro das crianças faleceram em tenra idade, sendo que os demais (três homens e seis mulheres) abraçaram diferentes Ordens religiosas (Lazarista, Jesuíta e Franciscano; quatro Doroteias e dois do Bom Pastor).

II - NARRADAS POR NHÁ CHICA

Com muita segurança no que dizia, Nhá Chica descobria animais fugidos, fazia prognóstico de doença, previa o resultado de demandas, mas com a condição de que a respeitassem, o que, às vezes, não acontecia.

"Um grupo de moças foi consultá-la: não tinham acabado de formular a primeira pergunta, começaram as risadinhas, os cochichos, os empurrõezinhos. Nhá Chica em tom solemne, mas sem zangar-se, respondeu: 'Quem não tem educação e não teme a Deos, nada deve esperar'. E indicou-lhes o caminho da rua" (Monat: 92). A educação é uma das virtudes do verdadeiro cristão. O temor ao Senhor é fruto de uma excelente instrução religiosa.

CORONEL P.

Querendo saber o que o futuro lhe reservava, Coronel P. visitou Nhá Chica em março de 1892. Ela profetizou que ele, em breve, teria de fazer uma viagem longínqua, penosa e arriscada, mas deu a ele o alívio necessário: tenha fé em Deus, que voltará com saúde! (ibid.). O que realmente aconteceu, mesmo sendo contra sua vontade, o Coronel P. viajou para Cucuhy, no Amazonas, e voltou saudável.

CASAMENTO

Na casa de Nhá Chica sempre apareciam moças querendo previsões sobre casamento. Essa era a questão pela qual as jovens da cidade e da redondeza mais procuravam a Santinha de Baependy.

"Consultaram-n'a um dia duas raparigas sobre casamento: A senhora será esposa de Christo, disse ella a uma trintona, magra e dentuça, sua amiga casará breve. Com effeito um anno depois realisou-se a prophecia; dizem uns que o noivo apaixonára-se pela belleza dos olhos, outros que pela elegancia do porte; affirmaram-me, porém, más lingoas que dominava-o a idéa de melhorar o systema de cultura, adoptado nas fazendas do progenitor da rapariga" (ibid.).

ATENÇÃO A UMA MÃE

Sua caridade para com as pessoas fazia rumores no céu. Certa vez, o vigário foi ungir uma moribunda e disse para Nhá Chica que aquela mulher, senhora D.F., tinha pouco tempo de vida.

Contou Nhá Chica para o dr. Monat:

> Tive pena; era uma mãe de numerosa família; orei e mandei a chamar o marido. Não chore, disse eu, sua mulher ha de sarar, mas entre na igreja e prometta que sua mulher ha de vir com toda a familia em procissão, ha de ir até o altar de joelhos, beijar o chão e agradecer a Nossa Senhora. O Dr. Manoel Joaquim, que me affirmou não poder salvar esta senhora, viu-se cumprir a promessa (ibid.: 94).

Esse é o único registro, até agora, no qual consta uma intervenção de Nhá Chica a favor de uma pessoa sem que ela ou outra pessoa pedisse. Ainda mais que foi a própria Nhá Chica que relatou o caso, mostrando a preocupação com o fato de os filhos ficarem sem o amparo de uma mãe.

Pelo que consta, a doente até mesmo já havia recebido o último sacramento, naquele tempo chamado de *Extrema Unção*, administrado pelo pároco. Também o médico, dr. Manoel Joaquim, havia afirmado que a mulher doente não tinha chance de cura.

Nesse depoimento, Nhá Chica disse que "teve pena", pois a família era numerosa. Em seguida, disse: OREI. Ao ver a possível situação de abandono, na qual os filhos do casal ficariam, ela se compadeceu e, como sempre o fazia, foi conversar com sua "Sinhá".

E como resposta a essa oração pediu que, depois da graça recebida, a família unida devia ir até o altar de joelhos e beijar o chão e agradecer a Nossa Senhora.

Nesse depoimento de Nhá Chica, há sutilezas divinas, sendo necessário desvendá-las. Uma ponte de Amor Eterno nos mostra a união mundial tecida pelas hábeis mãos de Nossa Senhora, em que existem alguns alinhavos entre a vida de *Bernadette Soubirous* e a vida da *Francisca de Paula de Jesus*.

RELIGIOSIDADE

Segundo Santo Agostinho o Anjo não é o ser, mas sim a denominação de uma tarefa, é o *Mensageiro de Deus*. Por intermédio dele, Deus envia uma mensagem ao ser humano.

Nesse contexto teológico, cabe na figura humana Nhá Chica a parte celestial... Anjo! Ela se coloca como Mensageira de Deus. Por intermédio da Imaculada Mãe de Deus, Nhá Chica recebia as mensagens destinadas àqueles que a ela recorriam, tornando-se um verdadeiro *Anjo* terrestre.

Ao visualizar sua "Sinhá" em colóquio de oração, recebia a Luz do Espírito Santo, pois a Providência Divina fez com que Nossa Senhora da Conceição fosse gerada sem mácula; nela contém o Verbo Divino, o Espírito Santo. Onde existe o Divino, não existe o pecado; onde há Luz, nunca encontraremos escuridão.

As mensagens eram fruto de uma procura dos que desejavam a Luz, outras foram espontâneas, vindas para nortear ao bom caminho ou em questão de bom anúncio.

BELA CAPELA

Em quase trinta anos de dedicação diária de Nhá Chica ao cumprimento da tarefa de edificar a Capela, faltava pouco, apenas o frontespício.

Em 1894, a Capela já estava quase que totalmente finalizada. O tempo fez desse empreendimento o amálgama que uniu toda a comunidade baependyana em caridade, amor e fé, compartilhando momentos divinos.

Até mesmo na cidade do Rio de Janeiro, alguns sabiam que uma mulher, a quem chamavam *Santinha de Baependy*, há muitos anos, "com donativos e offertas dos consultantes abastados, construía uma linda capela, da qual era a zeladora exclusiva e solícita" (*O Paiz*, 18/06/1895).

D. Francisca Izabel, mais conhecida por Nhá Chica, era a mais doce presença do Amor naquela cidade. A fama de sua dedicação à construção da capela correu pelo Sul de Minas e por outros estados brasileiros. Na graça de ver uma edificação feita com a ajuda dos que viam na Virgem da Conceição a Mãe querida, esta, por intermédio da *Serva de Deus*, Francisca, atendeu os mais variados pedidos.

Capela Nossa Senhora da Conceição, Baependy, MG. Década de 1890[8].

Eis a modéstia local: "O templo é simples, nada tendo de ***extraordinário como arte***; é poético, ***alegre, muito asseado***", escreveu José Alberto Pelúcio, com a distinção de historiador nascido em Baependy. Ele conheceu toda a realidade que envolveu a edificação da capela (Pelúcio: 319).

O *extraordinário* não era a capela em si, mas assim a forma como que ela foi erigida. Cada adobe, caiação, portas, janelas, telhas, madeiramentos tinha sido colocado no tempo certo, da maneira certa, na medida certa; todos eram produtos de uma ligação entre o Céu e a Terra. Os acabamentos eram o mais simples possível, o valor artístico ficava pela simplicidade do lugar.

Poético porque ali estava impregnada toda a poesia entre uma Mãe, que atendeu aos pedidos da Filha, e de uma Filha, que sempre atendeu aos pedidos da Mãe; agora estão juntas, na Morada Eterna. Uma troca de amor que ficou poeticamente visível na Capela. *Alegre* porque tudo foi feito com carinho, com sorrisos, com agradecimentos na alma; participar era a forma de demonstrar o contentamento de uma graça recebida. *Muito asseado* porque a limpeza do corpo corresponde, também,

[8] Esta fotografia consta no livro Caxambu, de Henrique Monat.

à saúde da alma. A capela foi "aformoseando-a até pouco antes de sua morte, faltando apenas o frontespício" (Palazzolo: 85).

MISERICÓRDIA

Por meio da veneração pela *Hora da Agonia de Jesus*, a *Serva de Deus* desenvolveu o sentido maior da Misericórdia. Aprendeu e ensinou que, para chegar ao Bem Maior, é preciso renúncia ao que se tinha de material, aos familiares, a si mesma. Dessa maneira, a Misericórdia cresceu em seu coração.

Durante anos, a cada sexta-feira ela ficou em abandono à Paixão de Jesus. Foi contemplando o abismo da Misericórdia que um imenso "nada" lhe alargou a alma, criando espaço para inundá-la de Amor. No abismo da Misericórdia, encontrou o tesouro da Compaixão, o bem inesgotável do Amor incondicional de Deus.

Esse Amor, com o passar dos anos, nessa entrega total às 15 horas das sextas-feiras, preencheu toda a alma de Francisca, fazendo com que, gradualmente, a cada ano, ela não mais se importasse com as necessidades corporais. Comia somente o necessário para sua subsistência, dormia o suficiente para descansar um pouco, vestia-se com simplicidade, enquanto sua alma se engrandecia com a Misericórdia de Deus.

Dentro dessa Graça constante, aprendeu a servir em vez de ser servida, aprendeu a doar em vez de receber, aprendeu a se entregrar a Deus, a se "integrar" com Deus, por meio das mãos santas de Nossa Senhora.

Para que houvesse esse mergulho no abismo da Misericórdia, Nhá Chica, confiante em Deus, saltou do penhasco da insignificância humana... pairou no ar à procura do rosto d'Aquele que a mantinha suspensa entre a Terra e o Céu e viu no desfiladeiro desse abismo a majestosa imagem de sua "Sinhá" lhe sorrindo e lhe estendendo as mãos. Dentro dela o *Verbo Encarnado* resplendendo em Luz.

O monge Alselm Grün[9] exalta que nossa vocação mais profunda consiste em ver o mundo de tal forma que nele contemplamos o próprio Deus, no abismo de seu mistério (Grün: 109). Certamente, Nhá Chica chegou ao fundo desse conhecimento. E, com ele, ela nos deixou um legado de orações.

NOVENA À IMACULADA CONCEIÇÃO

"Embora fosse analfabeta, Nhá Chica compôs uma novena a Nossa Senhora da Conceição, que rezava como o povo." Ficou expressa nessa oração a maneira simples de Nhá Chica falar e a mais rica distinção a Nossa Senhora (Cadorin; Pinho; Nicoliello, 2004:96).

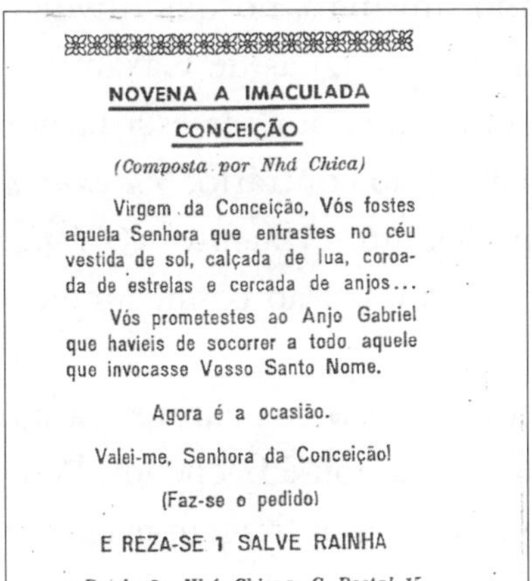

NOVENA A IMACULADA CONCEIÇÃO

(Composta por Nhá Chica)

Virgem da Conceição, Vós fostes aquela Senhora que entrastes no céu vestida de sol, calçada de lua, coroada de estrelas e cercada de anjos...

Vós prometestes ao Anjo Gabriel que havieis de socorrer a todo aquele que invocasse Vosso Santo Nome.

Agora é a ocasião.

Valei-me, Senhora da Conceição!

(Faz-se o pedido)

E REZA-SE 1 SALVE RAINHA

«Fundação Nhá Chica» C. Postal 15
Fone: 343-1077 - 37 443 - Baependi - MG

Panfleto.

"Virgem da Conceição, vós fostes aquela Senhora que entrastes no céu vestida de sol, calçada de lua, coroada de estrelas e cercada de anjos...

Vós prometestes que haveríeis de socorrer a todo aquele que invocasse vosso Santo Nome. Agora é a ocasião. Valei-me, Senhora da Conceição!"

Faz-se o pedido e, logo depois, reza-se uma *Salve, Rainha.*

Existe o Terço intitulado para Nhá Chica:

Nas contas do Pai-nosso, reza-se: "Aflita vos viste Senhora, aflita ao pé da Cruz, aflita eu estou agora, valei-me ó Mãe de Jesus".

[9] Anselm Grün, OSB, nasceu em 1945, doutor em Teologia, monge e sacerdote beneditino.

Nas contas das Ave-Marias, reza-se: "Ó Virgem da Conceição... (aqui se coloca o pedido) valei-me nessa ocasião".

LIVRO CAXAMBU

Depois de um ano, em 1895, a entrevista feita por dr. Monat com Nhá Chica foi publicada no livro Caxambu[10]. Nele o famoso médico demonstrou o "conhecimento fantástico que detinha sobre as águas minerais", informa o colunista Paulo Paranhos em "História... de fato"[11].

O livro *Caxambu* tornou-se um sucesso nacional, muito divulgado na imprensa carioca: "Dr. Henrique Monat, que todos nós conhecíamos como distincto médico, principalmente notável cirurgião, acaba de revelar-se também escritor, publicando um livro, no qual divulga os brilhantes resultados clínicos obtidos com as águas de Caxambu". Essa matéria despertou o leitor para a obra que, por ser escrita por um médico, poderia ser árida e fatigante, mas, ao contrário, "*Caxambu* é um bello livro escripto em linguagem elegante e fluente" (*O Paiz*, 23/02/1895), e incentivou os leitores do periódico ao conhecimento da obra.

Dessa forma, o livro, na época, chamou atenção dos leitores para a região do sul de Minas, especialmente para Caxambu e Baependy. Vendido em todo o país, tinha anúncio no jornal de maior tiragem nacional:

> **CAXAMBU**
>
> pel Dr. Henrique Monat. Este magnifico livro illustrado com numerosas gravuras é um verdadeiro guia para os frequentadores destas aguas, é dividido em diversos capitulos que descrevem com a maxima exactidão a historia, vida, usos e costumes deste saluberrimo logar. 1 vol. de 262 pag. formato 4º.................. 8$000

---

[10] Dentre os trabalhos que publicou, são mais conhecidos do grande público o *Método Prático de Francês, Caxambu e Estudo Sobre Sinônimos, Parônimos e Antônimos.*

[11] Blog: *Noticiarama*, Caxambu, MG; acesso em dezembro de 2012.

Caxambu, pelo Dr. Henrique Monat. Este magnifico livro ilustrado com numerosas gravuras é um verdadeiro guia para os frequentadores destas águas, é dividido em diversos capítulos que descrevem com a máxima exatidão a história, vida, usos e costumes deste salubérrimo logar. I vol. de 262 pag. formato 4º... 8$000" (*O Paiz*, 3/9/1895).

VIII

MORTE DE NHÁ CHICA

Chico de Assis

Navegando alguns momentos pelos mares da tranquilidade, estava Francisco; enquanto isso, os amigos, Leão e Clara, não saíam de perto dele. Faziam de tudo para aliviar-lhe a dor: remédios caseiros, alimentação reforçada; mas o que deu a Francisco alguns momentos de paz foi a música. Uma sinfonia imortal chegou-lhe aos ouvidos. "Por detrás da morte, levanta-se a muralha da eternidade. Quando caem todos os sentidos e o muro do corpo, como revestimentos em ruínas, aparece o Rosto Essencial: Deus!" (Larrañaga: 360).

Chica de Baependy

Desde o ano de 1888, Nhá Chica sentia-se doente, razão pela qual fez seu testamento. Pelo relatado ao dr. Monat, dormia, "às vezes", na cama, sem colchão e sem lençóis. "'E' minha cella' disse-me ella, 'mas não durmo sempre aqui'" (Monat: 94). Possivelmente, as "outras vezes" ela dormia em um catre[1] colocado direto no chão, pois "cella" é um espaço bem reduzido onde monge ou freira dormem, geralmente tendo uma tábua ou uma lona por colchão e uma tora de madeira como travessei-

[1] Pequeno leito de lona, cama pobre e tosca.

ro. Etimologicamente, a palavra *cella* vem do latim e quer dizer: *espaço pequeno*.

A região do sul de Minas é famosa pelas baixas temperaturas durante o inverno. Atualmente, ainda é assim, mas antigamente era bem pior.

Nessa região, o plantio de café era a principal atividade econômica, o famoso ouro verde. Em Baependy, eram conhecidas as culturas do tabaco, café e cana-de-açúcar, como consta no livro *Memórias Municipaes*, da *Camara de Baependy*, do ano de 1825, "com a declaração, porém que as duas últimas (café e cana-de-açúcar) pouco prosperaram por sentirem muito a *geada*, que annualmente as apprime". Essa publicação nos dá a certeza de que o frio era mesmo intenso, pois nem mesmo o café aguentava a geada da região, deixando evidente o porquê da cultura do tabaco. Imagina, então, o quanto era frio na casa de Nhá Chica, onde o chão era de terra batida, o telhado não era forrado e as portas e janelas ficavam semiabertas.

Algumas tarefas referentes à capela, tocar o sino, insuflar o fole para o órgão ser tocado e outras mais, foram efetuadas pelo forro Félix, que se tornara membro da família. Mas ele havia falecido há pouco tempo, apenas dois anos. Nhá Francisca Isabel se viu com as incumbências inerentes ao Félix, contava com ajuda de outros amigos. Porém com o Félix foram anos e anos de convivência diária, na segurança de poder contar com ele em qualquer situação. Nhá Chica continuava a realizar as tarefas de casa: varrer, fazer comida, lavar as roupas, cuidar das plantas; eram ocupações diárias para as mãos nunca ociosas.

HERANÇA DE DOR

Suas mãos eram de mulher que muito trabalhou, por isso eram "anquilosadas". Era mulher que, mesmo "encurvada", aprendeu a se prostrar diante do Divino, diante de sua "Sinhá"; "encurvada" porque levava con-

Detalhes das juntas dos dedos de Nhá Chica na escultura, Baependi, MG, 2013.

sigo cargas maiores das que eram as suas, auxiliou muitos a carregarem a própria cruz. "Nhá Chica é uma *velhinha*, *enrugada*, *morena*, já *encurvada*; veste-se com muita *simplicidade*; um lenço grande, dobrado em triângulo, envolve-lhe sempre a cabeça e o pescoço. Beijei-lhe a mão meio *ankylosada*, deformada pelo *rheumatismo*, *secca*" (Monat: 95).

Os últimos dias de Nhá Chica transcorreram em clima de oração. Ela foi amparada por muitos que lhe pediram ajuda e a todos prestou socorro. Nhá Chica faleceu em 14 de junho de 1895 "em consequência de anemia geral por causa de afecções gástricas" (Sacramento: 161).

DOENÇA DO ESTÔMAGO

Afecções gástricas, doença do aparelho digestivo, mal do estômago era uma doença comum na cidade, como ficou registrada em ata da Câmara de Baependy: "Tenho observado que esse mal, assim como os broncocellos, são muito mais frequentes entre a gente pobre cujo passadio he indigente, por cujo motivo atribuo a sua causa a relaxação do aparelho glanduozo, originada por falta de alimentos suculentos que promovão sangue suficiente para o estímulo precizo a promover a observência dessas partes. Quanto as epidemias, apenas tenho notado nos meses de outubro e seguintes as febres gástricas", que sempre apareciam na época das primeiras chuvas porque o lençol de água encontrava-se contaminado, e as pessoas, mesmo a par disso, iam buscar água no ribeirão (*Revista do Arquivo Público Mineiro*, 1897).

Também dr. Monat, ao visitar a cadeia de Baependy, em 1894, deixou registrado no livro *Caxambu* a podridão da água que ia até o chafariz da igreja Matriz: "Entretanto, a população de Baependy parece indifferente áquelle crime; nem parece reparar que aquelle covil (cadeia) é atravessado por uma valla, cujas águas passam pela latrina da enxovia, para, depois de estagnadas, virem despejar-se na praça da matriz!" (Monat: 85).

Theodoro Nazário do Couto deixou registrado, no livro de *Memórias Municipais*, que deveria constar uma advertência para que os moradores da villa Santa Maria de Baependy se mantivessem com alimentos mais suculentos e fontes de águas puras para terem saúde.

O quesito "se manter com alimentos mais suculentos" era destinado aos pobres e indigentes, que passavam fome. Ou, no caso de Nhá Chica, aos que jejuavam demais. O corpo dela ficou debilitado. E ainda tinha a contaminação da água, a qual ela fez uso por muitos anos, tendo, porém, água potável nos últimos anos. Por causa de tudo isso, com idade um pouco avançada, Nhá Chica adoeceu.

Foi auxiliada por muitas pessoas; todos queriam vê-la e ajudá-la, dar uma palavra de carinho, ficar vigilantes para saber se Nhá Chica precisava de alguma coisa. Sua alma ansiava pelo Paraíso, seu corpo estava muito doente. Aquele mesmo corpo que, tantas vezes, leve, pairava acima do chão em momentos de meditação, de oração.

Nos últimos instantes, acamada, resignada à limitação do ser, Nhá Chica estava sempre orante. Mesmo sofrendo, falava com dificuldade (pois a língua estava semiplégica) às pessoas a sua volta, que pensavam que era delírio, loucura demais falar aquilo. Nhá Chica avisou: "vou morrer, mas ainda ficarei na terra por três dias".

Nesse momento de agonia, podemos imaginar de uma forma bem lúdica que ela podia ter o poder da bilocação e ser bem capaz de ir até a capela como se fosse novamente a pequena Francisca, da fazenda Porteira dos Villelas. Saiu de seu leito de morte, foi até a capela, passando as mãozinhas pelos brancos púlpitos, frisando com os dedos todos os filetes dourados e acariciando a Divina Pomba incrustada entre os raios.

Caminhou entre pulos infantis até a pia, perto da porta da sacristia, e ali se batizou novamente criança. Nisso ouviu o som do órgão tocando a Ladainha. Dali, seguiu em passos ternos até o altar-mor. Diante do nicho pintado de azul, parou, olhou para seus pés sem sandálias, nus, deu um passo, abaixou a cabeça e prostrou-se diante da pequena imagem da Virgem da Conceição.

A terna Mãe, esculpida em cerâmica, tornou-se viva, deu um passo à frente e estendeu as mãos à filha dizendo: *Venha, minha Francisca.* E a criança respondeu: *Estou indo, minha Sinhá! A Senhora é que sabe!*

E assim, no dia 14 de junho, em uma sexta-feira, o Céu se abriu em Luz, e a Santíssima Trindade recebeu Francisca de Paula de Jesus, guiada pelas mãos santas da Virgem da Conceição.

O que antes era colóquio terreno passou a ser composição espiritual. A paz reina na simplicidade do Ser, transpondo o Ter, figura máxima dos benefícios recebidos e transmitidos por Francisca de Paula de Jesus. Na alegria da Alma em "Ir", seu corpo ficou em estado de paz absoluta, tão natural que nem os parentes, nem os amigos e muito menos o médico dr. Manoel Joaquim Pereira de Magalhães conseguiram dizer se ela estava morta ou não. Se ela apenas dormia, logo voltaria contando seu colóquio com Nossa Senhora ou ficaria mesmo para sempre assim, dormindo.

Os parentes, sempre atentos, chegavam bem perto para sentir se ela respirava ou não. Ajeitava as mãos, os pés, sentindo se o corpo estava quente, morno ou gelado. Os dias foram passando. Doutor Manoel não retornava, a multidão aumentava a cada dia. A cidade de Baependy era assunto principal no Sul de Minas: *a Santinha de Baependi morreu, mas não foi sepultada ainda.* E quem ouvia arrumava um jeito de dar um último adeus a Nhá Chica e saía comovido, comentando a respeito do cheiro de rosas que impregnava o ambiente.

Grande foi a multidão que, desejando ver o corpo de Nhá Chica, apareceu das mais diversas localidades. Durante os quatro dias em que seu corpo ficou exposto, uma verdadeira procissão de gente fez-se presente em orações para a *Santinha de Baependy.*

No dia 18 de junho de 1895, Francisca de Paula de Jesus foi sepultada pelos parentes, dentro da capela de Nossa Senhora da Conceição, sendo, então, atendido seu pedido. Esse era o dia do 48º aniversário de seu amigo, vigário padre Marcos Pereira Gomes Nogueira. E, também, fazia *exatamente* sete anos que havia ditado seu testamento.

Atestado de óbito do Registro Civil:

> Aos desecette dias do mêz de junho de mil oitocentos e noventa e cinco. Septimo Anno da Republica dos Estados do Brasil, neste Distrito de Paz da Paróchia de Baependy, Município do mesmo nome, estado de Minas Gerais, em meu cartório compareceu João Batista Pinto de Almeida morador nesta cidade e apresentou-me um atestado médico do Dr. Mel. Joaqn Pereira de Magês, no qual declarava que no dia quatorze do corrente às cinco horas da tarde falleceu nesta cidade em consequência de anemia geral por causa de affecções gástricas Francisca Isabel, solteira de idade de 90 anos, natural de São João del Rei, e residente nesta cidade; e que a mesma vai ser sepultada na Capela de Nossa Senhora da Conceição desta Cidade. De que para contar faço este termo que vai assinado pelo declarante. Eu Francisco Pascoal Pereira Pinto.

Atestado de óbito Religioso:

> Aos quinze de junho de mil oitocentos e noventa e cinco, pelas cinco horas da tarde, com todos os sacramentos, faleceu nesta cidade Dona Francisca de Paula de Jesus, solteira de 82 anos de idade; no dia de-

> zesseis do mesmo mês foi solenemente encomendada, acompanhada da Matriz à Capela de Nossa Senhora da Conceição pelas Irmandades do Ssmo Sacramento, Nossa Senhora da Boa Morte, das Mercês e do Rosário; e no dia dezoito do mesmo mês foi paroquialmente encomendada e sepultada do recinto da nave da mesma igreja de Nossa Senhora da Conceição.
> Para constar faço este assento que assino.
> Vigário Marcos Pereira Gomes Nogueira.

Existem muitas contradições entre um registro e outro. Em um consta que o dia da morte foi dia 14, no outro dia 15. Em um registro Nhá Chica tinha 90 anos e, no outro, 82. Em um ela ainda ia ser sepultada, no outro, Nhá Chica já estava sepultada. Obviamente, não tinham certidão de nascimento nem a de batismo para definir com precisão a idade de Nhá Chica. Mas, certamente, tanto o médico quanto o padre estiveram com ela no dia e, talvez, até no momento de sua morte.

Essas diferenças entre os documentos inerentes à biografia de Francisca de Paula de Jesus nos deixam confusos quanto ao nome, data de nascimento, quem era o pai, local onde viveu e o dia em que faleceu. Para tudo queremos uma resposta exata, como se dependesse disso para acreditar. Em uma análise mais fria, seria o ver para crer. Nesse ponto ficou um alerta de que nem tudo tem registro, e até mesmo os registros podem trazer informações errôneas.

Documentos são necessários, sim, pois por meio deles tomamos consciência de realidades passadas, mas existem registros que ficam na alma, são passados oral e sentimentalmente, de coração para coração.

A única conformidade entre os dois registros é o horário, 17h, sendo esse item questionável, já que nem mesmo o médico garantia que estava morta. Então, podemos conjecturar que Francisca de Paula de Jesus, filha de Izabel Maria, faleceu no dia e horário por ela venerados todas as semanas: ***sexta-feira, às 15 horas, hora da Misericórdia***! Mas isso é conjectura, documentalmente, faleceu às 17h!

A religiosidade familiar marcou as vidas de: Izabel, agraciada com o dom do aconselhamento; Joaquina com o dom da amizade; Theotônio, com o dom da sabedoria; e Francisca, com o dom da profecia. Theotônio casou-se tardiamente e não deixou descendentes; Maria Joaquina casou-se e deixou descendentes; Francisca não se casou e não deixou descendente de sangue, mostrando-nos que não é a descendência sanguínea que conta, e sim, a espiritual. Sinhá Francisca tem tantos filhos espirituais que é impossível contá-los, ela é a estrela mais brilhante de uma constelação que fulgura no imenso céu brasileiro.

MATÉRIA NO JORNAL O PAIZ[2]

O PAIZ

RIO DE JANEIRO, Terça-feira 18 de Junho de 1895

O PAIZ é a folha de maior tiragem e de maior circulação na America do Sul

Grande foi a procissão de amigos, conhecidos e, até mesmo, curiosos, que durante dias participaram da visitação ao corpo insepulto de Nhá Chica. Deixando uma memorável lembrança do dia da morte da *Santinha de Baependy*. Elvira Inácia Garcia Seixas relatou para seus filhos e netos que Nhá Chica ficou mais de quatro dias insepulta; que ficou um cheiro de rosas na sala onde estava seu corpo (Leford: 93). "O corpo dela não se decompôs, ficou o corpo normal, perfumado, perfume natural de santidade" (Reis[3]). Também os jornais publicaram matérias.

[2] Neste capítulo, todos os textos entre aspas e em *negrito* são de referência ao jornal: O Paiz, 25/06/1895.

[3] Depoimento de Benedito Ovídio dos Reis, 75 anos, Baependi, MG, especialmente para este livro. Nasceu em Soledade de Minas, morador em Baependi desde um mês de idade.

Depois de alguns dias de seu sepultamento, o jornal brasileiro de maior tiragem publicou um artigo de um correspondente em Baependy, que descreveu com detalhes o enterro de Nhá Chica "de um modo tão sugestivo e interessante", que só podia mesmo ser descrito por quem presenciou cenas que merecem ficar para a história de nosso país.

O correspondente começou dedicando o texto às pessoas que procuraram se tratar com as águas de Caxambu, a fim de ter boa saúde, dizendo que para eles o nome Nhá Chica não devia ser estranho. "Nhá Chica era o oráculo de Baependy, que, todos vós, aquálicos ou veranistas de Caxambu, visitantes como os antigos visitaram sacerdotisas Delfhos, para ver e ouvir a boa velhinha que aqui praticava a piedade evangélica, distribuindo consolações aos afflictos, conselhos aos indecisos e esmolas aos necessitados."

Em Baependy, Nhá Chica viveu pelo menos 70 anos de sua existência. Uma geração de sul-mineiros foi agraciada pelo convívio com a "boa velhinha", que se tornou "adivinha ou pythonisa para uns, santa para outros ou simplismente modelo de virtudes, para o maior número, a fallecida leva indubilavelmente a veneração de um quase-culto de quantos de sua vida nonagenária e immaculdada!" Foi Serva de sua Sinhá, a Ela entregou sua essência de virtudes, que foram tão apreciadas pela Mãe que nada negava à filha querida.

Em compensação, a tão querida filha foi um "exemplo assombroso de perseverança, dessa perseverança que só a fé inspira essa mulher, pobre e andrajosa; conseguiu, a expensas próprias, construir um templo para sua devoção, com o auxílio apenas de dadivosas esmolas dos admiradores de suas virtudes e dos crentes de suas prophecias!" Mostrando assim que a capacidade está na união, no momento em que se dão as mãos em um trabalho voluntário para o bem de todos. Esse foi o maior legado da construção da capela.

Recebia muitas ofertas para a capela de Nossa Senhora, muitas delas em prata de lei, bronze, cristais italianos e, até mesmo, em ouro.

"Fosse ella uma decifradora da buena-dicha-vulgar, teria enriquecido com a farta messe dessas oferendas, que, no entento, eram repartidas entre os cuidados de seu culto e o amparo aos necessitados da terra!" A primeira necessidade era saciar a fome do indigente, dar coberta ao que passava frio, dar roupa ao mendingo e remédio ao doente. As ofertas em dinheiro, vestidos e adornos pessoais eram revertidas em donativos aos mais necessitados. Por meio da oferta física, Nhá Chica entregava, também, o donativo espiritual; uma boa conversa, uma rica oração. Os pobres e desvalidos nunca saíram daquela casa simples sem o sustento temporal e espiritual de que precisavam, eram sempre bem tratados pela "boa velhinha".

Da mesma forma como recebia os desvalidos, com o mesmo cumprimento, mesmo sorriso, mesma alegria, na mesma casa, ela também recebia os mais abastados. Não fazia diferença de quem entrava por aquela simples portinha semicerrada, pois Nhá Chica tinha um "Espírito indubitavelmente superior, ella recrutou crentes, e até devotos nas mais altas camadas sociais; mais de um estadista do antigo império prestou-lhe supersticioso culto! Conselheiros d'el-rei vieram à sua choupana humilde pedir conselhos, para reparti-los quiçá com a Magestade!" O que sempre acontecia, pois tinham confiança nas previsões da *Santinha de Baependy*.

"A fama de suas prophecias e a segurança de seus presentimentos, muitos quaez pedem meças aos mais inexplicáveis phenômenos do ocultismo, cedo cercaram o seu nome de uma auréola de santidade e de um prestigio sobrenatural para muitos." Fazia questão de explicar que conseguia tudo porque orava com Fé. A mesma Fé que Jesus deixou para os que a querem ter. Basta pedir.

Foram muitos anos de abnegação própria para ser canal de graça para milhares de seres humanos. Manteve diariamente seu ritual de oração, penitência e caridade. Seu corpo, cada dia mais velho, seguia a natureza humana, enquanto o Espírito, cada vez mais brilhante, seguia a natureza divina, dando conta de erguer esse corpo em levitações, que deixavam todos impressionados. O corpo era um espaço pequeno para uma alma tão grande. Os jejuns judiaram dele, ao ponto de nada mais parar em seu estômago; e sua idade já estava bem avançada.

"Ultimamente, fanada pelos annos e pelos soffrimentos, gasta pelo mysticismo, não diria quem a visse, em sua enxerga humilde, a balbuciar, com a língua hemiplégica, palavras ininteligíveis, que, debaixo daquele simulacro de organismo, se escondia um espírito de elevada potencia moral, que conseguiu impor o seu nome e espargir o brilho adamantino de sua virtude, por uma grande porção de geração actual." Geração que foi predestinada a dar testemunho das graças alcançadas por Nossa Senhora da Conceição por meio das orações de Nhá Chica. Geração que aprendeu que a Misericórdia cabe a todos, sem distinção de raça, crença, religião, cultura ou posição social. Geração que foi o advento da canonização da tão querida amiga Nhá Chica. *A semente lançada em solo fértil germinou.*

Muitos passaram oralmente os fatos marcantes na vida de Nhá Chica para as gerações vindouras. Apontavam para a realidade de que existiu em Baependy uma "Mãe dos Pobres", que venerava Nossa Senhora da Conceição, tinha predileção pela Misericórdia de Cristo e a Eles serviu com predileção e amor. Essa geração, que colheu os méritos de conviver com uma "Santa", teve o discernimento de torná-la conhecida por meio dos testemunhos de vida. Bendita cidade de Baependy.

Foi toda essa lembrança, tão rica de louvores, que estavam seus amigos lhe prestando como uma última homenagem, diante de seu corpo. O correspondente do jornal *O Paiz*, ao vê-la no caixão, lembrou-se de que Nhá Chica "teve a ventura, rara e consoladora, de ter sido quase glorificada em vida". Agora a pobre velhinha... "ressequida e empergaminhada a pelle, fazendo lembrar de uma descrição de Hugo nos Miseraveis com aquela mesma belleza de bondade".

Ali jazia a Santinha de Baependy "com o seu vulto, como o daquella, que parecia feito de sombra, tendo apenas o corpo necessário para determinar um sexo, sendo, em si mesma, mais do que uma virgem, uma alma, exalou, no dia 14 do corrente, às 5 horas da tarde, o seu derradeiro suspiro, brando como o arfar de um peito de ave, e suave como o ultimo bruxoleio de um lampadário". Sem ao menos ser notado seu último suspiro, parecia apenas que Nhá Chica dormia em um sono profundo e que logo iria acordar. A notícia da morte foi anunciada com o pesar de quem perdeu um familiar. Cada um sentia-se amigo e confidente da *Mãe dos Pobres*, da *Santinha de Baependy*... de *Nhá Chica.*

"É fácil imaginar a triste repercussão que teve tal facto em Baependy e suas cercanias!" Pelos campos das fazendas, pelos quintais, pelas casas, pelas praças, pelas igrejas, pelas ruas e estradas, todos faziam uma oração a Santinha Nhá Chica. Os amigos, conhecidos e, até mesmo, os desconhecidos rumaram para Baependy.

"Immensa mole de povo afluiu logo à casa de Nhá Chica e lá permaneceu até a noite do dia 15, quando foi trazido o seu corpo, em depósito, para a igreja matriz, onde ficou cercado de fiéis, até o dia seguinte (16), designado para o enterramento." Na Matriz, diante do altar, que foi tão lindamente dourado com seu auxílio, ela agora marcava o lugar com seu corpo santo. O esplendor, naquele momento, não estava no ouro, e sim nas virtudes de uma santa mulher que, ali, diante daquele altar, muitas vezes, orou e, outras vezes, chorou. A missa de corpo presente foi celebrada pelo cônego Custódio de Oliveira Monte Raso.

"Tendo determinado, em verba testamentária, que fosse sepultada na sua própria capela, para lá no dia aprazado, foi conduzido o enterro, o mais imponente e o mais extraordinário que foi jamais presenciado em Baependy, pelo seu tom, a um tempo festivo e respeitoso, magestoso e terno." Tempo festivo, como havia pedido Nhá Chica: música e louvores. A festa de ir ao encontro de sua "Sinhá", com a alegria dos que passaram por essa vida comungando as "Palavras do Evangelho", sendo "Luz", apontando "Caminhos", matando a "Fome", distribuindo "Amor" e sorrindo para a "Vida".

O séquito era composto com "as irmandades do Santíssimo, Mercês, Boa Morte, São Sebastião e Rosário, com as variegadas (variadas) cores de suas epas, precediam, solemnemente com cruzes de prata aleadas, o cortejo fúnebre". Devagar subiam as sinuosas ruas de Baependy, com aquelas mesmas pedras que sentiram a leveza de um corpo passando todos os dias, no ir e vir de uma santa, que usava um longo vestido, encobrindo os pés suspensos. Essas mesmas pedras exigiam clamores à santa de Baependy, a que sabia os Evangelhos de cor, a que entendia o significado de "até as pedras gritarão" (Lc 19,40).

O cortejo seguia em passos lentos, "entre as alas formadas pelas confrarias, lindas crianças trajando ricamente de anjos annunciavam a vinda do caixão funerário, todo ornado de azul e prata, em cujas alças seguravam virgens vestidas de branco!"

Nhá Chica deixou registrado em testamento que seu sepultamento seria com música. "Em seguimento a banda de música, ao compassado som dos rythmos de uma marcha fúnebre e saudosa, e após, em confusão, o povo, a multidão compacta, que seguia em attitude respeitosa e contricta." O verdadeiro objetivo da música é fazer ressoar em nosso mundo a palavra de Deus de tal modo que o efeito salutar das palavras divinas chegue ao coração dos seres humanos (Grün: 135). E, naquele dia, a música tocou fundo no coração dos baependyanos.

"Guardará sempre o povo, que o assistiu, a lembrança desse acompanhamento funerário, que semelhava antes o desfilar de uma procissão, com todas as pompas da liturgia cathólica, substituindo apenas o andor pelo triunphal esquife", como nas procissões solenes da Semana Santa, as quais Nhá Chica acompanhava andando e cantando.

"Chegado o féretro à capela, totalmente repleta já, foi aberto o caixão para satisfazer a curiosa avidez do público, que queria despedir-se com um último olhar de piedade e respeito daquella que tantos consolos repartira em vida, que tão meiga e consoladora fora para os pobres." Seus amigos, pobres e ricos, juntos, elevando uma prece ao Céu, pela alma daquela que muito por eles pedia aqui na Terra, com a certeza de que tinham (têm) uma intercessora no Céu.

"As autoridades que ahi compareceram, porém, prohibiram que se effectuasse o enterramento, antes de ser apresentada a certidão legal da morte, o attestado de óbito dado por um facultativo, chamado este, o Dr. Manoel Joaquim de Magalhães, depois de necessário exame, recusou-se a constatar o óbito, attento o perfeito estado de conservação do cadáver, apezar de decorrido tempo sufficiente para o apparecimento dos signaes prodromáticos da decomposição." Porém o corpo se recusava seguir a natureza de um cadáver.

"Este facto rápido espalhou-se e, dentro de horas, começou ao pequeno templo uma verdadeira romaria de supersticiosos." Era um vaivém constante de pessoas de toda a região sul-mineira. Todos queriam dar um adeus à Santinha de Baependy.

Essa procissão de gente "prolongou-se até o dia 18, em que desceu o corpo ao mortuário ataúde, à vista de attestado médico, mas não sem a opposição de muitos e cujos olhos leigos parecia continuar o cadáver em perfeita conservação e de outros que se julgavam prejudicados na extensa partilha das relíquias da morta, que iam fazendo, por suas mãos, os que se aproximavam de féretro, retalhando, para esse effeito, pequenos pedaços do rico habito azul e das brancas fitas que o ornamentavam". Cada um levando uma lembrança em forma de relíquia, amostra pura de um corpo, até então, incorruptível.

"Em verdade, ainda nesse dia, **a putrefação não se havia manifestado**, embora para a sciência médica já houvesem surgido os primeiros symptomas da decomposição cadavérica, para habilitá-la a affirmar a cessação do phenomeno vital", pois precisava desse contexto no atestado para ser executado o sepultamento. Porém, olhando novamente...

"Esse facto unido à coincidência de ter Nhá Chica predito que morreria em uma sexta-feira e de ter, segundo hoje há quem affirme, pedido antes da morte que seu corpo estivesse exposto dois dias na matriz e outros dois em sua capela, indo isso, alliado à fama de suas virtudes e à notícia de suas previsões verdadeiramente admiráveis, (...) tudo isso abalou por tal forma o espírito crendeiro do povo, que muita gente há que começa a venerá-la, com reverencia e uncção, como uma santa enscripta no calendário", dando para Nhá Chica devida homenagem por meio de uma veneração tão popular como quando ela era viva.

"Feliz mulher essa que recebeu de tal sorte o prêmio de seus noventa annos de castidade, consagrados à caridade e à fé, n'uma beatificação summaria e emocionante, que dispensa-lhe o processo longo e fatidioso da canonização e que há um tempo a livra do enquerito zombeteiro do Vaticano e da rhetórica blasphema e impiedosa de algum futuro cardeal, transformado em advogado do diabo, segundo a rigorosa prosenaloistica ecclesiastica!"

Realmente, a primeira fase de beatificação de Nhá Chica foi em vida, pelos que a procuravam, recebiam as graças e propagavam seu agradecimento à *Santinha de Baependy*, como escreveu o correspondente: *uma beatificação sumária e emocionante.* Os que a conheceram sabiam o quanto Nhá Chica era Cristã autêntica; não ficaram de braços cruzados nem com receio do Vaticano e dos Cardeais. Elaboraram um dossiê a respeito de Francisca de Paula de Jesus e o enviaram para o Vaticano dando, assim, a abertura para o processo de canonização de Francisca de Paula de Jesus.

Deixar tão digna Serva de Deus escondida no sul de Minas, ou no território brasileiro, era uma atitude simplória demais, pois aprenderam com a própria Nhá Chica que, por meio da oração, tudo se consegue, e cremos que por intermédio da *Santinha de Baependy* as graças são derramadas em todo o mundo. Para isso, sua vida tem de ser amplamente divulgada. Temos uma aliada no Céu.

"Bemvinda foi! bemdita seja!"

INVENTÁRIO

Em agosto de 1895, o testamento foi aberto e dele tirado uma cópia:

> Nada mais consta no testamento, de que extrai esta cópia, para ser entregue ao testamenteiro, a não ser o auto de approvação do mesmo dia e os termos de abertura e outros do que dou fé.
>
> Baependy, 12 de agosto de 1895.
>
> O Escrivão João de Souza Rocha.

Em fevereiro de 1896, houve o arrolamento do inventário dos bens:

> Diz o abaixo assinado: que tendo se arrolado para o inventário da finada Sra. Dona Francisca de Paula de Jesus, a que se vai proceder, bens pertencentes a N. S. da Conceição, bem como peças de ouro lavrado e prata velha, que a mesma finada como zeladora da capela, tinha em seu poder, e que se destina para um ostensório, pede a V. Excia. a separação destes objetos como estranhas ao espólio.
>
> E.R.M.
>
> V. Marcos Pereira Gomes Nogueira"[4]

No dia 25 de fevereiro de 1896, na cidade de Baependy, na residência e na presença do Juiz de Direito da comarca, doutor Severino Eulogio Ribeiro de Rezende, compareceram os louvados Francisco Vieira Manso e Roberto Bartolomeu Pelúcio e, também, o escrivão João Souza Rocha, que escreveu o *Auto de Avaliação dos bens deixados por dona Francisca de Paula de Jesus* e "que lhes foram apresentados pelo iventariante Antônio Deocleciano Nogueira":

> Um Rosário de contas de ouro – 45$000
>
> Um cordão de ouro[5] – 62$000

[4] Inventário de Francisca de Paula de Jesus, folha 11.

[5] Esses dois objetos de ouro (Rosário e cordão) foram presentes de pessoas abastadas e amigas. Não deve ter sido inteiramente de ouro, se o fosse, outra seria a avaliação; esses dois objetos valeram bem menos que três dúzias de tábuas de assoalho (Lefort, p. 70).

500 grs de prata – 39$960
Um tacho grande de cobre – 50$000
Um tacho menor – 10$000
Seis cadeiras forradas de palhinha – 60$000
Um banco grande – 5$000
Um banco menor – 2$500
Dois catres – 16$000
Uma caixa grande – 10$000
Uma caixa menor – 3$000
Uma bacia velha –1$000
Duas panelas de pedras, em mau estado – 2$000
Seis pratos de louça, em mau estado – $500
Seis facas e garfos – 3$000
Quatro tamboretes velhos – 8$000
Uma foice – 1$000
Uma mesa de pinho – 10$000
Uma dita (mesa) menor – 3$000
Uma toalha velha – 1$500
Um caixão velho – 2$000
Uma bandeja pequena – 1$000
Quatro dúzias de tábuas – 80$000
Seis dúzias de tábuas de assoalho – 180$000
Dois pranchões de peroba – 10$000

Bens imóveis:

Assim mais a casa de morada, coberta de telhas, e respectivo terreno – 1.500$000

1/20 de água potável – 600$000

"Importando todos os bens avaliados na quantia de 2.714$960" (Cadorin; Pinho; Nicoliello, 2004:78).

Algumas dívidas apresentadas:

José de Campos Grilo – 110$000
José Francisco Rufino – 108$500

João de Almeida Brandão – 85$320
José de Campos Grilo (outra) – 128$000
Marques Irmãos (Caxambu) – 132$400
Sebastião da Costa Rezende – 36$000
Marcelino Alves Ferreira – 52$000
Antonio Pinto de Aguiar – 674$000
Antonio de Sena – 16$800
Joaquim das Dores Mota – 25$000
Roberto Bartolomeu Pelúcio – 97$000
Francisco Abrão – 551$320
Florentino Mastrogiovanni – 14$500
Antonio Barbara Junior – 64$400
João Batista da Mota – 200$000
72 missas celebradas – 80$000
Total: 2.365$240

Finalizando:

Receita – 2.714$960
Despesas – 2.365$240
Restaram – 349$720

"Por tudo isso pesado e medido, podemos concluir que Nhá Chica nasceu pobre, viveu pobre e faleceu, também, pobremente" (Lefort: 70).

No arrolamento dos bens, ficou estipulado que as peças de ouro lavrado e a prata velha estavam destinadas para a confecção/compra de um ostensório, como havia recomendado Nhá Chica, que deixou registrado com o vigário Marcos Pereira Gomes Nogueira. Também ficou anotado no testamento que as cadeiras e os dois tachos seriam distribuídos em esmolas aos pobres.

Havia, também, o pagamento das contas apresentadas pela *Fábrica da Matriz* de Baependy pelos encargos dos funcionários eclesiásticos, "de haver do espólio da finada Sra. Dona Francisca de Paula de Jesus a quantia de cento e cinquenta e três mil réis" (Cadorin; Pinho; Nicoliello: 81) pelos gastos em seu funeral, de:

"A fábrica, inclusive 42 velas – 47$000
Ao Revmo. Sr. Cônego Custódio de Oliveira Monte Raso – 30$000
Ao Sacristão Francisco de Paula Motta Junior – 20$000
A Irmandade do Ssmo Sacramento, de acompanhamento – 20$000
A Irmandade de N. Sra da Boa Morte e de acompanhamento - 16$000
A Irmandade de N. Senhora das Mercêz – 10$000
A Irmandade de Nossa Senhora do Rosário – 10$000
Total de 153$000
Santa Maria de Baependy, 25 de fevereiro de 1896
V. Marcos Pereira Gomes Nogueira"[6]

PAGAMENTO DE MISSAS

Era comum o pagamento dos encargos eclesiásticos, como consta no livro da *Câmara de Baependy*, 1897, "não he nossa intencção reclamar contra o Imposto do Dízimo, imposto este destinado desde o século oitavo para pagamento da folha Eccleziastica (...) a quem deve pagar os enterros de escravos e mais fâmulos fallecimentos n'aquelle anno, tem de solver huma dívida ao vigário de conhecenças, encomendaçoens, e mais direitos parochiais" (*Revista do Arquivo Público Mineiro*, 1897).

FINALIZAÇÃO DO FRONTISPÍCIO

"Nhá Chica diante dos maiores obstáculos nunca desanimou. Sua fé era inabalável, e sua confiança filial sugeria-lhe nas horas mais obscuras: *Nossa Senhora que sabe*!" (Palazzolo: 72).

[6] Inventário, fls 09/10. Arquivo da Associação Beneficente Nhá Chica, Baependi, MG.

Ela comentou com doutor Monat que desejava ver a capela inteiramente acabada, por isso rezava a sua "Sinhá": "Vancê não me engane, deixe-me acabar o frontespício[7], depois pode me levar". "Eu hei de acabar a igreja, o poder de Deos é grande" (Monat: 95), isso em 1894.

Certamente, na capela as atividades litúrgicas já aconteciam há pelo menos 16 anos, como está registrado, a respeito de uma missa cantada, que o comendador José Breves mandou celebrar, em 1878, em cumprimento de um voto. (Missa celebrada na capela de Nossa Senhora da Conceição, *O Baependyano*, 13/10/1878). Acontece que um frontispício nem sempre é o término da fachada externa de uma edificação e quase sempre é a decoração dela. "Só nos últimos anos de sua vida pode ver o acabamento *interno* da igreja; faltava-lhe apenas concluir o frontespício" (Palazzolo: 69). Ela queria concluir com adornos o frontispício. A *Santinha de Baependy*, é claro, sabia o que estava dizendo. Simplesmente, seu querer era o de ver, também, o "frontispício" edificado para maior embelezamento e para melhor acolhida dos fiéis à porta da capela.

Temos alguns pontos que valem ser mencionados. José Alberto Pelúcio nos aponta que Nhá Chica escolheu uma parte do próprio terreno de sua moradia para a edificação da capela, "a princípio uma simples capelinha" (Pelúcio: 146); ao descrevê-la, quando Nhá Chica já falecida, certificou que a parte do fundo era mais estreita e mais baixa e que, provavelmente, fosse "esse pedaço a primitiva capelinha, posteriormente ampliada" (ibid.: 139). Alberto Pelúcio era baependyano e conheceu "a fundadora do referido templo" (ibid.: 144), e conhecia bem a capela da Conceição.

A sepultura de Nhá Chica, antes da demolição da capela, era distinguida por uma branca lápide de mármore, na qual constava: "Francisca de Paula de Jesus começou a edificar esta igreja em 1867, deixando-a *quasi concluída* a 14 de janeiro (junho) de 1895 quando faleceu octo-

[7] Frontispício constitui os elementos que enquadram e decoram a porta central ou principal de um edifício; é a principal fachada e não fica atrás de colunas ou de um pórtico.

genária" (id.: 139). Ficou o registro entalhado, em alva pedra, de que, quando Nhá Chica faleceu, existia nela, ainda, um desejo de algo a mais para a finalização da Capela.

Capela Nossa Senhora da Conceição, Baependy, MG. Década de 1890.

Qual a razão da "Sinhá" Conceição levar sua Francisca para junto dela, mesmo antes de Nhá Chica conseguir embelezar a parte da frente da Capela, mesmo sendo seu desejo ver a capela totalmente terminada? Devem ser essas as sutilezas do "Amor Maternal" de Nossa Senhora da Conceição. Só podemos pensar sendo um ato de Amor. Algo que não nos é revelado, mas a Nhá Chica o foi. Ela não era de querer saber antecipadamente seu destino. Tanto que somente quando já acamada, em vias de morte, é que falou que seu corpo iria ficar alguns dias sem sepultamento e sem se decompor.

A respeito do frontispício[8] era um querer de quem prefere resolver tudo antes da partida, sem deixar obrigações para outros, basta vermos em seu testamento que até as missas por sua alma deixou pagas. Até nisso Nhá Chica quis ser zelosa. "Alimentava Nhá Chica um só desejo: ver a igreja inteiramente acabada. Pressentindo próxima sua partida para a pátria eterna, a Nossa Senhora pedia a graça de ver terminada sua grande igreja" (Palazzolo: 69).

Não podia mesmo a capela estar totalmente pronta enquanto Nhá Chica estava viva. Ela é o testamento fiel da "Fé e da Obediência" de uma

[8] No livro *Templos e Crentes*, 1942, Alberto Pelúcio deixou registrado: "Um óculo envidraçado, acima das janelas, põe arremate ao frontispício". Diversos historiadores e biógrafos comentam o frontispício ficou totalmente finalizado três anos após a morte de Nhá Chica.

filha de ex-escrava, que, dignamente, mostrou que não é com o tesouro terrestre, nem com todo o ouro das lavras de Minas Gerais que se constrói uma capela, mas sim com o adobe da oração, na quantia certa; com a música divina da obediência, mesmo que isso quebre algumas regras; com a comunhão da palavra se alimentando do Verbo; com a mão estendida para dar e receber; com oração diária tirando a sandália, diante do Solo Sagrado. Na humildade de Serva, recebeu de sua "Sinhá" a tarefa de construir uma capela, em honra a Nossa Senhora da Conceição; e ali está a "Capela", pronta, com todos os detalhes de que precisava. Está ali, no alto da antiga Rua das Cavalhadas, dentro do Santuário da Conceição, o "Corpo Santo e Virgem de Nhá Chica", a verdadeira *Capela,* que faz jus a Nossa Senhora. O ensinamento maior é de que o valor na vida não é a chegada, a conclusão, o final, mas é sim a caminhada.

Fica-nos o aprendizado de que a devoção a Nossa Senhora deve ser como a elaboração dessa "Capela". Vários anos com a determinação de criar um lugar para abrigar Nossa Mãe. Lugar sagrado que se faz com o despojamento do querer e com a confiança do amor filial, como uma criancinha que não questiona, apenas obedece; não se preocupa com o que vai comer, o que vai vestir ou para onde está indo; pois confia na Mãe que a veste, que lhe dá alimento e que a leva pela mão. Afinal, o Reino do Céu é das criancinhas.

Capela de Nossa Senhora da Conceição, Baependi, MG, com diferente frontispício.

IRMÃ MARIA DO SANTÍSSIMO SACRAMENTO

Uma das previsões de Nhá Chica, que até hoje confere santificação, é a respeito da vida de Zélia.

O conselheiro, dr. João Pedreira do Couto Ferraz, sempre atencioso para com sua querida filha Zélia, escrevia os mais lindos poemas dedicados para "seu anjinho de bondade" (Castro: 36).

Quando moravam na Chácara da Cachoeira, no Alto da Tijuca, lugar de fino apreço, onde a "aprazível vivenda era semelhante a um palácio", sempre prestavam homenagem a São João Batista, tributando ao santo, anualmente, uma linda festa.

Foi na ocasião da festa, logo depois da missa matinal, celebrada na capela da Chácara, que Zélia e seus irmãos foram colher frutas para o almoço. Colhiam e, é claro, comiam algumas frutas. Zélia, com uma semente de cambucá na boca, olhou para cima e, por esse ato, engasgou-se com a semente, ficando asfixiada. Foi carregada para casa e, para o pavor de todos, principalmente, de seu pai, nada dava resultado. Fizeram com que ela bebesse água, comesse farinha e, até mesmo, método cirúrgico; tudo inútil. Ela já estava fria, arroxeada, preparada para a morte, abraçada a um crucifixo.

O conselheiro, chorando, teve uma atitude extrema, correu até a capela e, ajoelhado diante do altar, implorou a Deus o milagre da vida de sua querida filha. "Enquanto de joelhos, rezava e chorava, eis que vem atirar-se a seus braços a filhinha extremosa, seguida de todos parentes" (id.: 36). O caroço saiu de repente, sem intervenção humana. Deus, em sua Misericórdia, atendeu a oração do conselheiro.

Na magnitude de amor cristão, Zélia se casou, teve seus filhos e deles cuidou com diretrizes religiosas. Depois da morte de seu esposo, em 1909, Zélia foi residir com seu pai, há oito anos viúvo, para melhor cuidar dele. Após a morte do pai, em 1913, Zélia ingressou no convento das Servas do Santíssimo Sacramento, o "Venite Adoremus", no Largo do Machado, Rio de Janeiro.

Adiou seus votos perpétuos para melhor cuidar de uma de suas filhas, que se encontrava gravemente doente, e também de seu filho mais novo, Fernando S.J.

Após vender todos os seus bens e doá-los aos mais necessitados, Zélia fez seus votos. Recebeu o hábito e passou a ser chamada de *Irmã Maria do Santíssimo Sacramento*, entrando para a vida religiosa em 22 de janeiro 1918. Durante muitos anos, a irmã Maria costumava recolher-se depois da meia-noite, pois sempre ficava velando Jesus no passar de um dia para o outro. Nesse mesmo horário, no "dia 8 de setembro, *sexta-feira*, festa da Natividade de Maria Santíssima" (Castro: 281), foi o momento escolhido por Deus para chamar tão nobre serva para o Paraíso. "Estava terminada esta vida edificante, zelosa, cheia de amor de Deus, de sacrifício e de heroismo" (ibid.: 281).

Irmã Maria do Santíssimo Sacramento (Zélia)[9].

O sacerdote *Padre Jerônimo de Castro,* filho de Zélia e Jerônimo, deixou registrado no livro de visitas da igreja Nossa Senhora da Conceição, Baependy, a informação a respeito da visita do conselheiro e de Zélia à Serva de Deus, Nhá Chica: "Antes da Missa o Conselheiro pediu a Nhá Chica que rezasse, suplicando uma graça de Deus para Zélia. Depois da Missa, Nhá Chica disse ao Conselheiro estas palavras admiráveis: Esta moça vai casar, terá muitos filhos, depois será toda de Nosso Senhor. O que se realizou plenamente" (Palazzolo: 113).

[9] Irmã Maria do Santíssimo Sacramento recebeu o hábito no dia 22/01/1919, festa de Nossa Senhora do Santíssimo Sacramento.

DEMOLIÇÃO DA CAPELA

A capela foi local de grandes graças: missas, Terços, novenas, orações, coroações. Tudo, enfim, tinha o acompanhamento da fiel zeladora Nhá Chica. E, depois da morte da Santinha de Baependy, quem zelava pela capela?

Na década de 1940, durante o paroquiato de padre Inácio Kusch, duas igrejas de Baependy foram reformadas: a de Nossa Senhora da Boa Morte e de Nossa Senhora do Rosário. Foi também nesse período que dona Francisca Pereira Leite, zeladora voluntária da capela Nossa Senhora da Conceição[10], teve um aviso: "Nhá Chica apareceu-lhe em sonho e, pousando carinhosamente as mãos em seus ombros, disse-lhe que cuidassem de acudir imediatamente o Templo por ela edificado, pois que precisava de urgentes consertos". D. Francisca levou a mensagem ao padre Inácio. (Palazzolo: 83).

O vigário prontamente verificou que o forro e as paredes do templo estavam danificados ao ponto de desmoronamento. Não encontrou outro jeito a não ser a *demolição* da capela de Nossa Senhora da Conceição, construída por Nhá Chica.

Além da capela, a casa onde Nhá Chica morava também ficou em péssimo estado de conservação. Tanto que, em 1942, José Alberto Pelúcio comentou que a "casinha já em parte demolida, oferecendo, entretanto, mesmo assim, modificada, como está, uma ideia da vivenda primitiva" (Pelúcio: 140).

A *Santinha de Baependy* pediu para que seu corpo ficasse sepultado dentro da capela Nossa Senhora da Conceição. Talvez porque soubesse que seria necessária sua intervenção para a continuação de um corpo físico, canal de graça. A capela é lugar de acolhimento aos que ali peregrinam pedindo a intercessão da alma de Nhá Chica,

[10] José Alberto Pelúcio registrou em *Templos e Crentes* que o fundo da Capela "era mais estreito e mais baixo. Talvez fosse esse pedaço a primitiva capelinha, posteriormente ampliada".

que, então, junto a Nossa Senhora pede a Santíssima Trindade. Uma hierarquia divina.

A partir de 1942 começou a reconstrução da capela da Conceição. Por causa das reformas das outras igrejas, os altares simétricos da capela, que eram pintados de branco, com filetes dourados, foram enviados para a igreja de Nossa Senhora do Rosário.

A nova capela ficou pronta no dia 14 de junho de 1945[11], em comemoração ao 50º aniversário de morte de Nhá Chica, sendo motivo de alegria para os acostumados a visitar e desfrutar momentos de grande religiosidade diante do túmulo de Nhá Chica.

Muitos devotos, ao adentrar o recinto, diziam: "Penetrar nessa Capela, hoje reformada, é respirar uma atmosfera toda impregnada do sobrenatural porque saturada de lembrança de quem aí viveu entre o céu e a terra recebendo comunicações divinas e de quem hoje lá no céu por nós intercede" (Palazzolo: 121).

Nos anais do VII Simpósio Nacional dos Professores Municipais de História: *A Cidade e a História*[12], no Levantamento de Fontes Primárias do Município de Baependi, existe o destaque à capela da Conceição: "Iniciada em 1867 por Francisca de Paula de Jesus, este templo, que, atualmente, não conserva nada da original capela, recebe anualmente a visita de milhares de fiéis. Atribui-se a Francisca de Paula de Jesus, conhecida como 'Nhá Chica', várias graças ou mesmo milagres".

Para melhor encerrar este capítulo, nada mais justo do que deixar aqui registrada a frase poética do historiador baependyano: "Assim, dorme Nhá Chica, em sua querida igrejinha, o sono derradeiro, sob o olhar protetor e amorável da Virgem da Conceição" (Pelúcio: 164).

[11] Padre frei Jacinto de Palazzolo alertou, na biografia *Nhá Chica a Pérola Escondida*, que o historiador José Alberto Pelúcio "não havia gostado da reforma feita na Igreja Nossa Senhora da Conceição e, a esse respeito, costumava-se queixar-se amargamente" (Palazzolo: 83).

[12] Volume III, 1974, Coleção da Revista de História, sob a direção do professor Eurípedes Simões de Paula, artigo escrito pelo professor Fabiano José Viotti Bernardes.

ABRIGO NHÁ CHICA

A capela construída por Nhá Chica em terreno de sua propriedade foi deixada em testamento, ainda no século XIX, para a paróquia de Santa Maria de Baependi. Dessa maneira, a partir dos anos 50, do século passado, a igreja esteve sob os cuidados de religiosas da congregação das Irmãs Franciscanas do Senhor, sempre sob a supervisão de perto de todos os párocos da cidade de Baependi, que, conscientes da extensão territorial daquela Paróquia, sempre emprestaram voluntariamente sua atenção aos fiéis que ali acorriam, mantendo a igreja aberta para visitações.

Em dezembro de 1955, as irmãs da congregação das Irmãs Franciscanas chegaram a Baependi para a execução do *Abrigo Nhá Chica* e de outras obras de assistência social, em gentil acordo com a Mitra diocesana, representada pelo vigário monsenhor "João Rabelo de Mesquita e a superiora regional da congregação das Irmãs Terceiras Franciscanas de Nosso Senhor, Madre Crescência Girlando" (Palazzolo: 131).

Um ano depois, no dia oito de dezembro, aconteceu o lançamento da pedra fundamental do *Abrigo Nhá Chica*, com a iniciativa do vigário cônego Francisco Pedro Ferreira. Em outubro, começaram as obras, e em março de 1957 foi concretada a laje do primeiro pavimento, com a contribuição de dinheiro e operários vindos do povo, o que constituiu "uma verdadeira prova de simpatia e solidariedade do povo de Baependi" (id.: 137).

Em maio de 1958 foi inaugurado o *Abrigo Nhá Chica*, com imenso regozijo da população baependiana e a presença de autoridades. Quando foi, então, lido o *Estatuto da Fundação Nhá Chica*, em que consta como finalidades principais:

> *abrigar e instruir as crianças desprotegidas*, proporcionar-lhes meios de se tornarem úteis a si e a sociedade; b) *abrigar a velhice desamparada*; c) *praticar assistência social em geral*, através de ambulatórios, creches etc.[13] (Palazzolo: 140-141).

[13] Registro no *Cartório de João Lemos Gonçalves*, oficial do Registro de Sociedades Civis da Comarca de Baependi, MG, no livro de registro especial de Sociedades civis, às páginas 215 e 216.

Em 2003, o Abrigo Nhá Chica passou "à categoria de Associação Civil Beneficente" (Diamantino).

No entanto, a mencionada congregação não possui qualquer vínculo diocesano, e as irmãs sempre tiveram consciência de que, após o reconhecimento oficial do Sumo Pontífice sobre Nhá Chica, haveria necessidade de a paróquia de Baependi ampliar seus trabalhos pastorais naquela igreja. Assim, o bispo da Campanha elevou-a à categoria de Reitoria Episcopal, seguindo as normas canônicas, cujo decreto foi assinado em agosto de 2012.

PROCESSO PARA A CANONIZAÇÃO

O processo para a canonização de uma religiosa é um trabalho árduo e demorado. Imagine o de uma leiga, cujo registro de nascimento não havia e cujos registros de sepultamento tinham dados contraditórios. Seria, sem sombra de dúvida, argumentos mais do que justificáveis para nem mesmo dar entrada ao processo em busca de uma canonização. Mas, o legado da *Santinha de Baependy* é o destemor, a FÉ. Por isso, deu ânimo aos que almejavam para ela um lugar de honra no altar de Deus e manteve-os sob sua proteção. Sabendo que lá no Céu, juntamente com sua "Sinhá", ela está em lugar Sagrado, houve necessidade de demonstrar que aqui, na Terra, reconhecemos o legado santo que nos deixou. Para isso, deu-se o início ao processo para a canonização da Santinha de Baependy.

O início da campanha pela canonização se deu em 1952. A instalação da Comissão em prol da Beatificação teve início em 1989. Em 1991, Nhá Chica recebeu da Congregação das Causas dos Santos do Vaticano o título de *Serva de Deus*.

Em 14 de janeiro de 1992, ficou definida a Comissão pela Beatificação, sendo nomeados, pelo bispo da Campanha, religiosos com experiências em canonização, como nas bem-sucedidas campanhas de Frei Galvão e Madre Paulina. O Processo Informativo Diocesano começou em 16 de julho de 1993, tendo sido encerrado em 1995, quando foi para Roma. O Relator desse processo foi o padre José Luís Gutiérrez. A causa ficou parada até 1998, quando assumiram: o Postulador Frei Paolo Lombardo (ofm) e a vice-postuladora Ir. Célia Cadorin.

EXUMAÇÃO

Túmulo de Nhá Chica, Baependi, MG, 2011.

No dia 18 de junho de 1998, 103 anos depois do sepultamento de Nhá Chica, foi aberto o túmulo onde se encontravam os restos mortais da Santinha de Baependy; estavam presentes: autoridades eclesiásticas, membros do Tribunal Eclesiástico pela Causa de Beatificação de Nhá Chica e os pedreiros. "Segundo as declarações de d. Diamantino Prata de Carvalho, bispo de Campanha, que estava presente à exumação de Francisca de Paula de Jesus, um perfume como de rosas provinha do túmulo dela" (Sacramento: 145). O que foi sentido por todos que estavam no recinto.

Os restos mortais de Nhá Chica encontram-se hoje no mesmo lugar, no interior do Santuário Nossa Senhora da Conceição em Baependi, protegidos por uma urna de acrílico, colocada no interior de outra de granito, onde são venerados pelos fiéis.

A publicação da *Positio*, documento que reúne todos os dados e testemunhos recolhidos durante a fase diocesana, corresponde à primeira etapa do processo de beatificação e aconteceu no dia 30 de outubro de 2001.

O documento seguiu para o Vaticano para ser apreciado pela Congregação para as Causas dos Santos.

Em 30 de abril de 2004, os bispos brasileiros, reunidos em sua 42ª Assembleia Geral da CNBB, assinaram um documento pedindo pela beatificação de Nhá Chica.

O documento que reuniu 204 assinaturas de bispos de 25 estados brasileiros foi encaminhado pela diocese de Campanha ao então papa João Paulo II.

No dia 8 de junho de 2010, a Congregação para as Causas dos Santos deu parecer favorável às virtudes da Serva de Deus, Nhá Chica.

REGISTRO CIVIL TARDIO

ROBERTO MÚCIO DA SILVA, OFICIAL DO REGISTRO CIVIL DAS PESSOAS NATURAIS DO DISTRITO DE SANTO ANTÔNIO DO RIO DAS MORTES PEQUENO, MUNICÍPIO E COMARCA DE SÃO JOÃO DEL REI, ESTADO DE MINAS GERAIS, NA FORMA DA LEI, ETC...

CERTIFICA que revendo em seu poder e Cartório, nele o livro de Nascimentos número 18-A, as folhas 253, termo número 5001, consta o assento de Nascimento do seguinte teor: "*Em trinta de Abril de dois mil e onze (30.04.2011), nesta Vila de Santo Antônio do Rio das Mortes Pequeno, Município e Comarca de São João del Rei, Estado de Minas Gerais, por Ordem Judicial, declaro que no dia vinte e seis de Abril do ano de mil oitocentos e dez (26.04.1810), em domicílio, neste Distrito de Rio das Mortes, Município de São João del Rei, Estado de Minas Gerais, nasceu uma criança do sexo feminino, que recebeu o nome de* ***FRANCISCA DE PAULA DE JESUS****, filha de Izabel Maria, neta materna de Roza Banguela. Nada mais declaro. Registro efetuado conforme MANDADO JUDICIAL expedido pelo Meritíssimo Juiz de Direito da 3ª Vara Cível desta Comarca de São João del Rei, Dr. Hélio Martins Costa, datado de 26.04.2011, sentença proferida em 10.01.2011, no Processo número 0625.06.056045-9 – Ação de Registro Civil. Lido e achado conforme, eu, Roberto Múcio da Silva, Oficial do Registro Civil das Pessoas Naturais, a escrevi e dou fé.*" Em test° da verdade.

Santo Antônio do Rio das Mortes Pequeno, 30 de Abril de 2011.

O Oficial: Roberto Múcio da Silva

Roberto Múcio da Silva

EMOLUMENTOS E TAXA DE FISCALIZAÇÃO R$ 20,01 + 4,04 = 24,05

Registro Tardio, 2011.

Em 2011, o Poder Judiciário de Minas Gerais, na comarca de São João Del Rei, fez a sentença de *Ação de Registro Civil Tardio* de Francisca de Paula de Jesus. Com grande júbilo, efetivou-se o REGISTRO CIVIL TARDIO da criança, que foi batizada em Villa de Rio das Mortes a 26 de abril de 1810, apenas com o nome de Francisca.

No dia 14 de janeiro de 2011, o papa Bento XVI aprovou o decreto da congregação para as Causas dos Santos sobre as virtudes heroicas da Santinha de Baependy. Nhá Chica pôde receber o título de *Venerável*, estando assim mais próxima da beatificação.

Aguardava-se o reconhecimento, por parte da Santa Sé, do milagre da cura, atribuído à intercessão de Nhá Chica, da professora de Caxambu, Ana Lúcia Meirelles Leite, que sofria de problemas cardíacos.

PROMULGAZIONE DI DECRETI DELLA CONGREGAZIONE DELLE CAUSE DEI SANTI, 14.01.2011

- le virtù eroiche della Serva di Dio Francesca de Paula de Jesús, chiamata "Nhá Chica", Laica; nata São João del Rei (Brasile) nel 1810 e morta a Baependi (Brasile) il 14 giugno 1895[14].

No arquivo da Associação Beneficente Nhá Chica, estão registradas, de 1937 a outubro de 2005, 16.051 graças alcançadas. A graça alcançada pela professora Ana Lúcia Meirelles Leite, de Caxambu, MG, foi aceita pelo Vaticano, que analisa o pedido de beatificação de Nhá Chica.

Ana Lúcia tinha um defeito congênito no coração, comprovado por uma bateria de exames médicos, logo após uma isquemia, em julho de 1995. Na véspera da cirurgia, a professora estava com uma febre muito alta, o que a impediu de passar por uma intervenção cirúrgica. A operação foi adiada. Posteriormente, em novos exames, foi constatado que já não existia mais o problema. Ela estava curada, pois a abertura no coração havia se fechado. "Médicos de Baependi, São Paulo, Belo Horizonte e Pouso Alegre deram seus testemunhos de que a medicina não era capaz de explicar o acontecido e que não havia a mínima possibilidade de a paciente ser curada sem submissão à cirurgia" (Sacramento, 2006).

[14] Site: *Vaticano* , acesso em novembro de 2012.

No dia 13 de outubro de 2011, a comissão médica da congregação para as Causas dos Santos, depois de analisar o possível milagre da cura da professora Ana Lúcia, declarou que a cura não tem explicação científica.

PROMULGAZIONE DI DECRETI DELLA CONGREGAZIONE DELLE CAUSE DEI SANTI , 28.06.2012

- il miracolo, attribuito all'intercessione della Venerabile Serva di Dio Francesca De Paula De Jesús, detta Nhá Chica, Laica; nata a São João del Rey (Brasile) nel 1808 e morta a Baependi (Brasile) il 14 giugno 1895[15].

Foi promulgado pela Congregação para a Causa dos Santos, no dia 28 de junho de 2012, com autorização do papa Bento XVI, o decreto de um milagre atribuído à intercessão da Venerável Serva de Deus Francisca de Paula de Jesus, Nhá Chica.

De passo em passo, os fiéis que sempre recorreram à *Santinha de Baependy* continuaram em sua caminhada de oração pela beatificação da humilde Serva de Deus.

ORAÇÃO PELA BEATIFICAÇÃO

Fervorosamente os fiéis oravam pela beatificação de Nhá Chica:

Ó Pai, que mostrai a Bondade e a Sabedoria do Vosso Filho Jesus, naquelas pessoas que O procuram seguir, e ocultais as novidades do Reino aos sábios e inteligentes, e as revelais aos pequeninos, nós Vos pedimos que a Igreja possa reconhecer oficialmente as virtudes de

[15] *Id.*

Amor ao próximo, de Fé profunda e de grande Sabedoria de Vida que concedestes à Vossa Filha e Servidora: Francisca de Paula de Jesus, Nhá Chica. Por ter sido de uma vida exemplar, fiel seguidora de Jesus Cristo, devota de Maria Santíssima, e de grande amor à Igreja, nós vos pedimos que, pela sua valiosa intercessão, Vós nos concedais a graça de que mais temos necessidade. Concedei-nos também, ó Pai, que, a seu exemplo, o nosso coração esteja cheio de ardente amor a vós e ao nosso semelhante. Tudo isso Vos pedimos por intermédio de Jesus Cristo, Vosso Filho, em união com o Espírito Santo. Amém.

No dia 14 de setembro de 2012, no Santuário Nossa Senhora da Conceição, houve o comunicado oficial feito pelo bispo da Diocese da Campanha, dom frei Diamantino, a respeito da cerimônia de beatificação de Francisca de Paula de Jesus, Nhá Chica, no dia *11 de maio de 2013,* em Baependi.

Há uma atenção a mais a respeito dessa data. Durante o Congresso Mariano de 1929, a ideia de uma igreja mais ampla ganhava consistência. Nesse mesmo ano, no Congresso, no dia 1° de maio, o Arcebispo de São Paulo recebeu o telegrama do papa Pio XI, que de Roma anunciava que Nossa Senhora, sob a invocação de Aparecida, foi proclamada: *Padroeira do Brasil*, passando, então, "o dia 11 de maio ser de Nossa Senhora" (Ecos Marianos, 1931:34). Outra importância à data: "A inauguração do órgão[16] aconteceu no dia 11 de maio de 2002, coincidindo com o lançamento do site de Nhá Chica na Internet, e a solenidade foi aberta pelo órgão, restaurado, renovado, ao som da ladainha a Nossa Senhora" (Cadorin; Pinho; Nicoliello: 59). Contando com o mesmo processo de fole, "encontra-se por detrás dele, a manivela, de que se utilizava, outrora, o preto Félix" (Pelúcio: 140).

[16] O órgão da capela Nossa Senhora da Conceição, Baependi, foi tocado até a década de 1940. Em 1999, estava quase que totalmente deteriorado, por isso decidiram restaurá-lo. Em 2002 foi levado para a cidade de São Paulo para o restauro. Com o auxílio, principalmente dos devotos de Nhá Chica, o órgão encontra-se novamente em funcionamento.

Sala dos Devotos, Baependi, MG, 2013.

Dom Diamantino proferiu em setembro de 2012, no Santuário da Conceição, que a data da beatificação foi escolhida de acordo com o postulador da Causa dr. Paollo Villota e com o prefeito da Congregação da Causa dos Santos na Santa Sé, cardeal Ângelo Amato. Ficaram felizes em escolher essa data, certamente, depois de oração.

Os devotos que participaram do pronunciamento do tão querido bispo Diamantino aplaudiram a notícia, emocionados. Com alegria, os fiéis e o clero ali presentes estenderam as mãos para o túmulo da venerável Francisca de Paula de Jesus e rezaram a oração pela beatificação. Com grande emoção participou o pároco de Baependi padre Douglas Baroni.

De *passo em passo*, foram tantos caminhos percorridos, tantos obstáculos ultrapassados, sempre com o ensinamento maior da *Santinha de Baependy* dizendo que tudo conseguia porque orava com Fé. E, para que esse ensinamento ficasse latente no coração de cada fiel seguidor de Nhá Chica, não poderia ser diferente a beatificação de Francisca de Paula de Jesus ser no *Ano da Fé*.

IX

FÉ

> "Isto acontece porque rezo com fé"
>
> Nhá Chica

"A verdadeira fé amarra e solta a um só tempo. Ela nos amarra a Deus, liga-nos a Deus. E, ao mesmo tempo, desmancha todas as fixações, todas as formas e exercícios externos. A fé no Deus vivo é que dá vida, no Deus que cura e conduz à liberdade, põe-nos em contato com o verdadeiro Deus" (Grün: 166). Sem preocupações exageradas, com a certeza de que tudo acontece para o bem dos que amam a Deus, sabemos, porém, que a verdadeira Fé é Jesus quem nos concede.

Em sua visita à casa de Nhá Chica, o dr. Monat teve a sensibilidade de conhecer a Santinha de Baependy, pois foi lá com esse propósito e não com o de ser "reconhecido e desvendado" por ela; foi doar seu tempo para escutá-la, como poucos o fizeram. Marcou em seu caderninho: "Cresceu isolada do mundo, que a cercava, dedicando-se à caridade e à fé" (Monat: 93).

Esse isolamento consta em não enxergar com os olhos "físicos", e sim com os da "Fé". Nhá Chica tinha ciência de tudo que acontecia no mundo, em todos os aspectos, inclusive políticos, religiosos e científicos.

Todo o dia, recebia dezenas de pessoas em sua casa, que sempre tinham uma notícia de Baependy, das terras das Gerais, do Brasil ou de outros países. Ela não se importava com o que vinha de fora, pois seu sustentáculo era o Santo Evangelho e com ele fazia base para manter-se firme na Fé. Em sua conversa com o dr. Monat vale destacar:

> – Mas, Nhá Chica, o sol está parado, é a terra que se move.
> – Modernismos! Não diga isso que é peccado. Olhe, Josué entrou na terra da promissão, porque fez parar o sol, para ter tempo de acabar a guerra, com licença de Deus. Então o sol não caminha?
> Está nos livros santos, que muita gente não conhece, mesmo doutores.
> O sol é obra de Deus e do Padre Eterno; Deus precisou de nenhum homem para fazer o mundo?
> Fez só.
> Qual é o doutor que sabia para ajudar?
> Elle pediu licença ao Padre Eterno, porque tinha muito respeito, veiu ao mundo e disse: "Faça-se o clarão para encher o vacuo de dia!" Nasceu o Sol. "Faça-se a lua para encher o vacuo da noite! Faça-se as estrellas para enfeitar a noite de luzinhas miudas!"
> E começou tudo a andar á roda desde esse dia...
> Continuava ella a contar-nos a Genesis, interrompi-a (Monat: 96).

Somente interrompendo, pois a Fé nas Escrituras era o ponto forte de Nhá Chica. O mundo dentro dela era determinado pelas Santas Palavras que um dia ouviu; elas caíram como sementes em seu coração e delas brotou a Fé. Uma Fé tão grande que podia estar diante de um doutor, letrado, que ela não se intimidava.

A Fé de Nhá Chica tem a integridade e o poder de aceitar as Palavras Sagradas de tal forma que nada a abalava. Para ela, bastava o que sabia da Bíblia. Essa é, na verdade, a Fé mais pura de um ser humano.

O diálogo entre Nhá Chica e dr. Monat continuou: "Mas Nossa Senhora, não vendo as coisas direito, executa tudo" (ibid.).

Aqui está uma bela demonstração de obediência aos que pediam e a sua "Sinhá". Para Nhá Chica certos "pedidos" eram um pouco exagerados, alguns iam contra seu parecer, como o caso dos republicanos que a procuraram; mas, mesmo assim, pelo voto de obediência, foi levá-los para Nossa Senhora, em oração, sem se colocar, sendo apenas um instrumento da graça, da informação para os que desejavam uma resposta.

Para Nhá Chica não era preciso saber o que estava para acontecer, e sim era preciso acreditar que Deus, em sua Misericórdia, tudo faria para o bem de todos, aceitar e acreditar. Isso para ela era simples. Não precisou ver seu futuro, não quis saber de sua "sorte na vida", simplesmente levava a vida com Fé em Deus; por intermédio de Nossa Senhora, sentia-se amada e feliz.

E, realmente, tudo que Nhá Chica levava para sua "Sinhá" em oração, Nossa Senhora executava, mesmo que fossem os pedidos mais escabrosos (como se diz lá no sul de Minas); por causa do ato de Fé de sua querida filha Nhá Chica, era executado. Por isso o termo "não vendo as coisas direito" nos aponta para essa realidade.

Os amigos e conhecidos da cidade e região sempre iam à capela da Conceição agradecer uma graça alcançada, pagar promessa e conversar com Nhá Chica. Em sua simplicidade, o mínimo que desejava dos que iam a sua procura era o respeito. Moças e rapazes que faltaram com essa essência na educação receberam duras profecias ou, até mesmo, nada receberam. Mas era raríssimo o que, igual ao dr. Monat, fosse apenas para entrevistá-la, perguntar-lhe a respeito dela, sem pedir que ela olhasse qual era seu futuro. Nem ela se candidatou a isso, não ficou perguntando "quer que eu pergunte a Nossa Senhora sobre seu futuro, ou sobre seus estudos a respeito das águas de Caxambu?" Não! Em vez disso, ele quis saber a opinião da própria Nhá Chica.

Ela respondeu: "Só tenho fé na ferrea: póde ser que tendo-se fé em Nossa Senhora as outras lucrem. Mas eu creio que só se deve tomar da férrea, mas só ao pôr do sol; e si ella não fizer efffeito como sahe do poço, é bom pôr-lhe assucar" (ibid.). Ficou bem claro que, se ela fosse até Nossa Senhora, como sempre orando com Fé, teria outra resposta. Ela não podia precisar qual era, mas já que podia dar a própria opinião, ela o fez. Dr. Monat não desdenhou a opinião de Nhá Chica, tanto que a colocou no livro.

Conhecia a realidade de que os donos de fazenda queriam leis mais rígidas para seus trabalhadores, ansiavam por novas leis. O país passava por momento de transição política/legislativa. Alguns fazendeiros desejavam uma legislação tão dura aos trabalhadores quanto à que comandava a escravidão no Brasil. Pelas palavras de Nhá Chica percebe-se que ela estava receosa por causa da tal "República".

A República, em certo aspecto, foi proclamada como protesto dos senhores coronéis, que perderam seus escravos e, o que achavam pior, perderam dinheiro! Porque, para eles, os escravos eram meras "mercadorias". Nhá Chica tinha ciência disso. Não era letrada, não lia os jornais, revistas e livros, mas sabia tudo o que se passava no país. Recebia muitos políticos famosos, fazendeiros abastados, celebridades. A todos escutava e, por eles, orava. "Desde a inconsolável mãe de família, a quem ella ensinava a resignar-se pelo abandono de um mao esposo e acudia com o socorro da sua pobreza, até o conselheiro de Estado (e alguns citam-se que a ouviram muitas vezes), que a consultava sobre assuntos de magna relevância – contam-se por *milhares* as pessoas que transpuzeram os humbraes do mísero casebre que lhe servia de residência" (*O Paiz*, 18/06/1895).

Entendia de política e para o dr. Monat ela se colocou: "Mas eu estou vendo a República uma coisa sem consolo, nem socego". / "A república não tem cipó, está amarrada com capim". / "Os camaristas do rei olhavam para as estradas e para as fontes; a república não tem camaristas, por isso as estradas estão perdidas" (Monat: 96). Em seu entendimento, foi injusto deportar a família real, era injusto deixar os ex-escravos sem trabalho como estava acontecendo, só porque tinham direito a salário.

Podemos discernir que, para Nhá Chica, o que nasce de uma ação tão mesquinha não pode dar bons frutos.

Também sua crença na Sagrada Escritura tinha a força da Fé. Mesmo quando lhe apontavam outro lado da moeda, mesmo que lhe dissessem que ela estava errada, não se deixava desanimar, não perdia a Fé no que acreditava. Sua comunhão com a Palavra tornou-a cheia de Fé. Tinha respostas, até mesmo, para os mais estudados, os que, empiricamente, tinham de ver para crer; ela não, a isso consiste a verdadeira Fé.

Não sabia ler, mas alguém leu as escrituras para ela e, com isso, foi se alimentando com a Palavra santa, fazendo dela a ordem maior. A Boa Palavra mantém o corpo e a alma equilibrados, em paz.[1]

Nhá Chica sabia a Bíblia de cor. O redator do jornal de maior tiragem no Brasil, em artigo, disse: "Quem escreve estas linhas teve occasião de visitar a *santa* de Baependy em 1893, quando ela ainda exercia activamente os seus misteres de prophetisa; ficou maravilhado de ouvi-la *repetir páginas inteiras da Bíblia*, que recitava à guiza de sermão, antes de *rezar a Nossa Senhora*, como ella dizia, quando invocava os favores da Mãe de Deus" (*O Paiz*, 18/06/1895).

Esse redator, que conversou havia poucos anos com a *Santinha de Baependy*, colocou-se no artigo dizendo que: "se as virtudes e santas obras de Nhá Chica não dão direito à sua inclusão entre os bem-aventurados do *Flos Sanctorum*[2], creio que todos os santos da corte do céo devem renunciar à glória, que resplandece em torno de suas cabeças" (ibid.).

[1] O cientista japonês *Masaru Emoto* comprovou cientificamente que as palavras alteram a estrutura molecular da água. O corpo humano é composto por 60% de água. O cientista demonstrou que as boas Palavras e os bons Pensamentos, principalmente os em forma de oração, emitem ótimas vibrações fazendo com que a molécula da água cristalizada torna-se uma linda estrela cintilante. A técnica consiste em expor a água a esses agentes, congelá-la e depois fotografar os cristais que se formam com o congelamento.

[2] O *Flos Sanctorum* é considerado a mais fecunda e útil antologia moral em língua espanhola, comparável à *Legenda Áurea*, livro do século XIII, de autoria do dominicano Jacobus de Voragine. O livro de Alonso de Villegas é composto de relatos sobre a vida dos santos, conforme o *Breviário do Concílio*, a *Vida dos Santos do Velho Testamento*, *A Vida de Santos* diversos com o de *Varões Ilustres*, discursos sobre os Evangelhos de todo o ano e a quinta parte, que aparece como integrante do volume intitulado *Fructus Sanctorus*, que é livro de exemplos, também de santos, com parte dedicada a Santa Maria, a mãe de Jesus.

Mostrou o quanto ficou impressionado com as virtudes de Nhá Chica, tanto que, não encontrando explicação lógica, identificou a santidade dela como: *fanatismo*: "Na cidade de Baependy (Minas Geraes), onde residia desde menina, faleceu no dia 15 deste mêz com perto de 90 annos uma pobre e virtuosa mulher, cujo innocente fanatismo tornara conhecida em todo o sul de Minas" (ibid.). A Fé incutida passo a passo, diariamente, em Francisca de Paula de Jesus, para alguns, era motivo de "espanto". Se todos crentes em Deus tivessem essa mesma Fé, não teríamos mais guerra sobre a Terra. Não podemos comparar Fé ao fanatismo. Já o mais ponderado, o mais ajuizado, como foi o dr. Monat; admitiu: "Não me compete dizer se Nhá Chica é uma fanática" (Monat: 98).

A *Serva de Deus* Nhá Chica foi obediente à mãe Izabel, "morrendo, sua mãe lhe recommendára a vida solitaria, para melhor praticar a caridade e conservar a fé christã" (ibid.: 93). Desde menina a pequena Francisca galgou os degraus da escada da Fé com a paciência dos que sabem o caminho. Foi paciente em cuidar de sua mãe, paciente em aceitar as recomendações de Izabel, paciente em praticar a caridade! De paciência em paciência, foi receptáculo da Fé cristã, que tanto sua mãe Izabel lhe predestinou, que tanto sua Mãe Conceição lhe influiu.

Os ensinamentos para o aperfeiçoamento da Fé não são tão fáceis. São necessários anos e anos de dedicação à Luz do Senhor, pelo Espírito Santo. De *passo em passo*, Nhá Chica recebia essa Luz direto de sua "Sinhá", diante dela, da Imaculada Conceição, que estava sob poder do Verbo Encarnado. Dessa maneira, quando Nhá Chica se prostrava diante da Virgem da Conceição sabia que estava, também, diante da Santíssima Trindade.

No comando de Fé, tinha de aceitar as dificuldades sabendo que o comando de sua vida estava nas mãos santas de Maria. Uma dessas dificuldades foi sua luta em prol dos pobres de Baependy. Dar-lhes comida, roupa, coberta, remédios era sua proposta de caridade. Ela tinha poucas e pequenas panelas de pedras (no inventário constam duas em mau estado), apenas seis pratos, seis garfos e seis facas, com os quais, tinha dia, alimentava dezenas de pobres. Uma atitude com o respaldo da Fé.

Os que precisavam de remédio sempre batiam a sua porta e ela sempre pronta, em oração, colhia a erva, no quintal, entregando-a com a receita de como fazer para que a cura se realizasse. Tudo com Fé.

A capela foi erigida com a base forte da Fé. Todo material necessário era produto da Fé. Não havia verba destinada exclusivamente para a construção da capela. *Para a capela Nossa Senhora da Conceição era tudo na base da Fé.* A cada dia um milagre acontecia, uma previsão, uma cura, um achado e os donativos apareciam, na medida certa e no tempo certo, enquanto as outras capelas e igrejas prosperavam recebendo verbas governamentais, como, por exemplo, a aprovação do projeto n. 109, no qual a Assembleia Legislativa de Minas Gerais decretou que:

> Assembleia Mineira
> Art. 1 – Fica o governo autorizado a conceder as quotas seguintes: 2:000$000 para as obras da matriz de Baependy; igual quantia e para o mesmo fim para a matriz da Villa de Pouso Alto; 1:000$000 para as obras da capella do Rosário de Baependy; igual quantia para a da Boa Morte do mesmo lugar; igual quantia para a matriz de Uberaba.
>
> Sala de sessões, 21 de Setembro de 1878
> Cornélio, Viotti, O. Penna, M. Machado, Ovídio.
> (*O Baependyano*, 07/12/1879).

Contudo a construção da capela da Conceição era suprida pelos devotos de Nossa Senhora. Com essa luta diária pelo material necessário à capela, depois de trinta anos no ministério da Fé, a capela estava quase que toda pronta, singela e acolhedora, tanto que dr. Monat, médico, que, várias vezes, esteve nas catedrais europeias, ficou admirado:

> "Os elogios que fiz da igreja enterneceram Nhá Chica, que recitou-me muitas poesias de sua lavra./ "E' o Espírito Santo que inspira, porque tenho fé viva"' (Monat: 97).

Do legado de Nhá Chica, um dos mais ricos é este... a alegria. Ela era *poetisa*, não tinha vergonha de recitar seus poemas aos desconhecidos nem mesmo aos letrados. Ela mesma explicou que era assim porque o Espírito Santo a movia a isso, por causa de sua Fé Viva. "Dessas poesias não encontramos nem sequer lembrança; não houve quem as transcrevesse. Que precioso material perdemos!" (Palazzolo: 38), inconsolável lamento de frei Palazzolo e nosso!

Nhá Chica não tinha vergonha de sua Fé, ao contrário, fazia dela o bálsamo para sua alma e para a das outras pessoas que a procuravam. Não é por acaso que ela foi beatificada no Ano da Fé. O Pontífice *Bento XVI* teve a sapiência dos que comungam constantemente com a Santíssima Trindade. Sob a Luz do Espírito Santo fez da Memória de Nhá Chica uma realidade de FÉ!

Com sapiência escreveu padre Bentinho: "Quero com muita esperança e gratidão a Deus dar minha contribuição a este grande acontecimento em nossa Igreja, em nossa história e porque não dizer em nossa própria vida, a beatificação de Nhá Chica, neste ano em que celebramos o ano da Fé, instituído por nosso querido papa Bento XVI, o que estou feliz, contente em contribuir na causa dos Santos de nossa Igreja, principalmente de nossa querida irmã Francisca de Paula de Jesus, a Nhá Chica, como é conhecida em nosso Brasil"[3] (Vichi de Paula).

O maior legado de Francisca de Paula de Jesus para os cristãos é o valor da Fé. Ao ficar ciente da vida de tão querida *Santinha de Baependy*, o cristão se admira com a vida simples e prodigiosa de Nhá Chica. O valor de uma pérola é ser encontrada, uma pérola escondida

[3] Especial para este livro, escrito no dia 12/10/2012, dia de Nossa Senhora da Imaculada Conceição Aparecida.

de nada vale. Padre Caetano comenta seu achado: "um pequeno livro me foi dado quando anunciei na Paróquia onde trabalho (Jesus Crucificado, em Santos). Também era um livro antigo: *A Pérola Escondida*, escrito pelo padre frei Jacinto de Palazzolo, OFM, pouca coisa havia que pudesse chamar atenção, a não ser sua vida simples, o bem que fazia e a devoção a Nossa Senhora da Conceição. Lendo o livro, uma citação de Nhá Chica me chamou a atenção: 'Eu consigo porque eu peço com Fé!'"

Seu testemunho é questão de Fé: "Desde então eu me tornei devoto de Nhá Chica, citando esta frase em inúmeras ocasiões. Como é bom ver na Igreja Católica Apostólica Romana a graça de Deus agindo em todas as pessoas que se deixam tocar. Temos ilustres doutores e doutoras da Igreja. Temos papas, bispos, sacerdotes, religiosos, leigos, adultos, jovens, crianças, pessoas cultas, pessoas simples, pessoas analfabetas, homens e mulheres que viveram em grau heroico os ensinamentos do Evangelho. Não é o título ou o curso que faz a pessoa ser santa. É a vida que leva e o exemplo que dá!"[4] (Rizzi).

Dentro da motivação de ver o Brasil tornar-se um país de homens livres, Nhá Chica se manteve em oração constante, com Fé. Não nos passa despercebido que fazendeiros, políticos e ilustres personalidades, que lutaram pela causa antiescravagista brasileira, foram amigos ou, simplesmente, conhecidos de Francisca de Paula de Jesus.

De toda a região do sul de Minas, em atenção especial às cidades circunvizinhas de Baependi, existe uma tradição oral das histórias a respeito da Santinha de Baependy. O aiuruocano José Mauro Maciel[5] nos apresenta algumas delas:

[4] Especial para este livro, escrito em outubro de 2012.

[5] José Mauro Maciel é Irmão Missionário Redentorista e historiador.

NHÁ CHICA, UM ÍCONE DE NOSSA HISTÓRIA[6]

É encantador, desafiante e construtivo falar de Francisca de Paula de Jesus, a "Nhá Chica".

Quando ouço dizer algo sobre essa tão querida, santa e admirada senhora, logo me desperta uma alta e ativa atenção. Ainda mais na condição de sulmineiro, aiuruocano e historiador. E que, desde menino, por incontáveis vezes, ouvi de meus avós paternos as histórias encantadoras dessa mulher. Eles, José Fernandes Maciel (1910-1992) e Maria Luiza de Sousa (1918-1998), diziam a nós (netos) aqueles contos que nos aguçavam a curiosidade e nos deixavam com os olhos fitos, cabecinhas inclinadas e respiração contida. Assim, esperávamos algo de espetacular: porque a "santa Nhá Chica" fazia da simplicidade as coisas maiores, que para outras pessoas eram impossíveis.

Meus antepassados iam com muita frequência a Baependi, onde compravam os raros frascos de remédios, as roupas mais simpáticas e o chapéu a gosto do freguês. Meu bisavô, Luciano Fernandes Maciel, era natural do Pinhal, e minha bisavó, Rita Carolina de Sousa (1869-1954), era das Furnas, povoações rurais da Aiuruoca. Meu avô, José Fernandes, apelidado de Juca Luciano, tinha uma memória privilegiada. Ele sabia tantas coisas sobre a bondosa velhinha de Baependi.

Vô Juca nos dizia: "Nossa mãe nos contava que a 'santa Nhá Chica' tratava dos passarinhos, com quirela, na palma das mãos e no colo". E a criançada contorcia o pescoço, franzia a testa e cerrava as sobrancelhas e perguntava: "Mas, de que jeito?" "Bom! Para começar, os passarinhos não tinham medo dela. Eles sabiam que ela não lhes faria mal nenhum". "Depois, é bom saber que os bichos não têm medo de gente muito santa! Porque o que faz os viventes terem medo é a maldade que as pessoas carregam no coração!" "Vô! Mas, como ela fazia?" "Ela pegava uma cuia

[6] Exclusivo para este livro; escrito em Aparecida do Norte, SP, no dia 8/12/2012, dia da Imaculada Conceição.

de canjiquinha. Ia lá para o fundo do quintal, perto da horta, assentava-se, colocava a quirela no colo e nas mãos, e os passarinhos vinham aos bandos! Vinham de tudo: canarinhos, tico-ticos, rolinhas, colerinhas, tizius, pombas, pássaros pretos, soldadinhos e de tudo o quanto era qualidade!" "Nossa!!!" Exclamava a criançada! E o senhor Juca continuava: "Outra coisa! Ela não gostava que os outros vissem nem soubessem disso. Por isso, tratava dos passarinhos nos fundos de sua casa." "E como ficavam sabendo dessas coisas?", perguntavam os pequenos. "Os vizinhos viam pelos vãos da cerca que passava na beira da rua. Só que isso não demorava muito tempo, pois a santa Nhá Chica percebia logo que alguém estava controlando, jogava a quirela no chão, deixava os passarinhos por ali; e discretamente voltava para dentro de casa ou pegava o terço e começava a rezar". E a gente ficava a perguntar: como uma pessoa conseguia fazer tudo isso? Uns dois ou três dias depois, dependendo da disponibilidade do avô, voltávamos a ele e pedíamos outra história da Nhá Chica. Sentávamos na sombra, e ele começava: " Dizem que um menino foi até a casa da Nhá Chica. Chegando lá, tomou bênção da velhinha e disse que sua mãe o mandou pedir umas laranjas 'feijão-cru', que eram de boa qualidade. Então, ela o chamou para entrar, pegou a sacola que ele levava, pediu que ele se sentasse na pedra da escada da porta da cozinha, que dava acesso para o terreiro (pátio), e saiu pela porta. Ela foi até a laranjeira e, de um modo disfarçado, atrás da laranjeira, abriu aquela sacola de 'boca larga', feita de saco de linhagem (estopa), e as laranjas 'voavam' para dentro da sacola. O menino ficou abismado, achou aquilo muito curioso e ficou pasmado de ver o que estava acontecendo. Nhá Chica entregou a sacola de laranjas para ele, dizendo, 'não conte pra ninguém o que você viu!' E o rapazinho foi pra casa encabulado e se perguntando: 'como é que essa senhora consegue fazer tudo isso? Só pode ser coisa de Deus! Essa força só pode vir de Deus!'"

Ainda me lembro que naquelas povoações aiuruocanas havia uma *florzinha rasteira*, roxa, muito singela. Sem beleza, porém muito resistente aos períodos de secas e geadas. Elas eram cultivadas em quase todas as casas mais antigas. E, quando perguntávamos propositalmente sobre aquelas plantas, as respostas eram as mesmas: "Esta flor nossa família trouxe da casa de santa 'Nhá Chica'! Na casa dela tinham muitas. Era só pedir que ela dava umas mudas!" E bastava esse argumento para nos silenciar diante daquela sinceridade toda. A flor valia muito, não pela beleza, mas pelo significado e respeito de onde vinha!

Portanto, esses contos do cotidiano sobre Nhá Chica fazem parte de nosso consciente coletivo. Eles expressam suas virtudes da simplicidade, da humildade e da santidade. Sua Memória vem desafiando o tempo e o espaço, porque lançou raízes profundas em nossa História.

Nhá Chica, a mulher querida: santa de nossa gente, de nosso povo!

Irmão José Mauro Maciel, C.Ss.R.

FIM

BIBLIOGRAFIA

AGUALUSA, José Eduardo. *O vendedor de passados*. Rio de Janeiro: Gryphus, 2004.

BERGER, Paulo. *Dicionário das ruas do Rio de Janeiro* – I e II Regiões Administrativas – Centro. Rio de Janeiro: Ed. Gráfica Olímpia Editora, 1974.

BOXER, Charles Ralph. *A idade de ouro do Brasil, 1695-1750*; dores de crescimento de uma sociedade colonial. Los Angeles: Ed. University of California Press, 1969.

CADORIN, Irmã Celia; PINHO, Maria do Carmo Nicoliello; NICOLIELLO, Maria José Turri (org.). *Nhá Chica: A Pérola de Baependi*. Baependi: Associação Beneficente Nhá Chica; Belo Horizonte: Ed. O Lutador, 2004.

CASTRO, Jerônimo Pereira de. *Zélia ou Irmã Maria do SS. Sacramento*. Petrópolis: Ed. Vozes, 1938.

CLÁ DIAS, João. *Pequeno Ofício da Imaculada Conceição Comentado*. São Paulo: Ed. Artpress,1997.

CINTRA, Sebastião de Oliveira. *Galeria das Personalidades Notáveis de S. João del-Rei*, 1994; obra publicada com o apoio da FAPEC-Fundação de Apoio à Pesquisa, Educação e Cultura.

CORREA, Viriato. *Terra de Santa Cruz*. Ed. Civilização Brasileira. Rio de Janeiro , 1956.

DÖKMEN, Halil. *A casa da Virgem Maria*. Istambul: Ed. Hitit Color, 2012.

FERREIRA, Francisco Ignacio. *Opulencia de Minas Geraes*. Belo Horizonte: Editora Imprensa Oficial de Minas Gerais, Vol. 20, 1924.

GRÜN, Anselm. *Se quiser experimentar Deus*. Petrópolis: Ed. Vozes, 2001.

GUIMARÃES, Pedro Bernardo. *NADA (CHRONICAS E CONTOS)*. Juiz de Fora: Tipografia Correio de Minas, 1906.

KAZANTZAKIS, Nikos. *O pobre de Deus*. São Paulo: Ed. Circulo do Livro, 1987.

KNIVET, Anthony. *As incríveis aventuras e estranhos infortúnios de Anthony Knivet (1591)*. Organização, introdução e notas: Sheila Moura Hue; trad.: Vivien Kogut Lessa de Sá, Rio de Janeiro: Jorge Zahar Editor, 2007.

LARRAÑAGA, Inácio. *O Irmão de Assis*. São Paulo: Ed. Paulinas, 1986.

LEFORT, Monsenhor J. P. *Francisca de Baependi*, Campanha, 1992.

MACEDO, Roberto. *Notas Históricas*. Rio de Janeiro: Ed. Companhia Brasileira de Artes Gráficas, 1944.

MARTÍN, Santiago. *O Evangelho Secreto da Virgem Maria*. Trad.: Yolanda e Hilton Amaral, São Paulo: Ed. Mercuryo Novo Tempo, 1999.

MONAT, Henrique. *Caxambu*. Rio de Janeiro: Oficinas da Casa da Moeda, 1894.

NOGUEIRA, J. A. *Album Catholico do Estado de Minas Gerais*, organizado sob a direção de Advar Nazario Teixeira.

PALAZZOLO, Padre Frei Jacinto de. *Nhá Chica: A Pérola Escondida*. Rio de Janeiro: Ed. do autor, 1973.

PARANHOS, Paulo. *História do Rio de Janeiro: os tempos cariocas*. Teresópolis: Ed. Zem, 2007.

PELUCIO, José Alberto. *Baependi*. São Paulo: Gráfica Paulista, 1942/1.

PELUCIO, José Alberto. *Templos e Crentes*. São Paulo: Gráfica Paulista, 1942/2.

PELUCIO, José Alberto. *Baependy, Esboços chorographicos*, 1692 - 1822. Belo Horizonte: Imprensa Oficial de Minas Gerais, 1899.

PENA, Helena Ferreira. *Francisca de Paula de Jesus - Nhá Chica - Sua vida e seus Milagres*. Belo Horizonte: Ed. O Lutador, 1951.

PIMENTA, Silvério Gomes. *A Prática da Confissão ou Instrucção Completa*. Rio de Janeiro: Typografia do Apostolo, 1873.

SAINT-HILAIRE, Auguste de. *Viagem às nascentes do Rio São Francisco e pela província de Goiás*. Trad.: Clado Ribeiro de Lessa. São Paulo: Ed. Nacional, vol I., 1937.

SANTOS, Antônio Clarét Maciel. Opúsculo *Nhá Chica Novas pesquisas alteram sua biografia*, 2015.

SENNA, Nelson de. *Ephemerides mineiras, Subtitulo: primeiro trimestre (de 1696 a 1896)*. Ouro Preto: Ed. Imprensa Oficial de Minas Gerais, 1898.

SILVA, Joaquim; PENNA, J.B. Damasceno. *História do Brasil*. Cia Editora Nacional, São Paulo, 1967.

TORRES, João Romano. *Dicionário Histórico, Corográfico, Heráldico, Biográfico, Bibliográfico, Numismático e Artístico*. Volume V, Portugal, 1904.

TRINITÁRIO, António Leite. *Verbo Enciclopédia Luso-Brasileira de Cultura*. São Paulo: Ed. Verbo, vol. 18, 2002.

VASCONCELOS, Diogo de. *História Antiga das Minas Gerais*. Belo Horizonte: Ed. Itatiaia Ltda, vol.03, 1974.

VEIGA, Bernardino Saturnino da. *Almanach Sul-Mineiro para 1874*. Campanha: Ed. Tipografia do Monitor Sul-Mineiro, 1874.

VIOTTI, José Nicoliello; NICOLIELLO, Maria José Turri; PINHO, Maria do Carmo Nicoliello. *Anais: I Encontro de Estudos sobre Nhá Chica*. Baependi: Associação Beneficente Nhá Chica, 2005.

WALSH, Robert. *Notícias do Brasil*. Tradução: Regina Régis Junqueira. Belo Horizonte: Ed. Itatiaia; São Paulo: Ed. da Universidade de São Paulo, 1985.

Periódicos

Cidade do Rio, Rio de Janeiro, 26 de fevereiro de 1889.

Diário Popular, Rio de Janeiro, 14 de maio de 1888.

Distrito de Benguela, Divisão Administrativa, edições ACIP, Benguela, 1970.

Ecos Marianos, Almanaque de Nossa Senhora Aparecida, 2013. Aparecida: Ed. Santuário, 2013.

Gazeta de Petrópolis, Petrópolis, 14 de setembro de 1899.

Informativo Nhá Chica, Notícias do Santuário e da ABNC, abril de 2012.

Jornal do Senado, Rio de Janeiro, 14 de maio de 1888.

Minas Geraes, Belo Horizonte, 1892 /16 de março de 1933.

Nossa História. São Paulo: Ed. Vera Cruz, ano 3, n. 26, dezembro de 2005.

O Apóstolo, Rio de Janeiro, 10 de setembro de 1871 /4 de dezembro de 1889 /28 de novembro de 1890.

O Baependyano, Baependi e Caxambu, 12 de janeiro de 1879 / 6 de abril de 1879 / 7 de dezembro de 1879 / 29 de novembro de 1880 / 5 de dezembro de 1880 / 16 de janeiro de 1881 / 30 de janeiro de 1881 / 27 de fevereiro de 1881/ 19 de Junho de 1881/ 5 de junho de 1881/ 31 de julho de 1881/ 3 de dezembro de 1882/ 6 de maio de 1883 / 7 de junho de 1883 / 8 de dezembro de 1883 / 27 de dezembro de 1883 / 25 de maio de 1884 /19 de junho de 1884 / 10 de agosto de 1884 / 2 de novembro de 1884 / 14 de dezembro de 1884 / 22 de março de 1885 / 17 de outubro de 1886 / 21 de março de 1888 / 7 de junho de 1888 / 30 de maio de 1888.

O Cruzeiro, Rio de Janeiro, 27 de abril de 1878.

O Farol Paulistano, São Paulo, 31de março de 1831.

O Paiz, Rio de Janeiro, 3 de setembro de 1985 / 11 de maio de 1890 / 18 de junho de 1895 / 25 de junho de 1895 / 23 de fevereiro de 1895.

Primeira Fonte, 5 de setembro de 2012.

Revista do Arquivo Público Mineiro. Creação de villas no Período Colonial: Baependy. I vol, Ouro Preto: Ed. Imprensa Oficial de Minas Gerais, 1896.

Revista do Arquivo Público Mineiro. Memórias municipaes. Subtítulo: Camara de Baependy. II Vol, Ouro Preto: Ed. Imprensa Oficial de Minas Gerais, 1897.

Revista de História da Biblioteca Nacional. Rio de Janeiro: Ed. Sociedade de Amigos da Biblioteca Nacional, ano 8, n. 86, novembro de 2012.

Dissertações, artigos e palestras

BENTO XVI, *Carta Apostólica Porta Fidei* sobre o Ano da Fé. Vaticano, outubro de 2012.

BRAGANÇA, D. Luiz de Orleans e. *A Princesa Isabel.* Palestra do bisneto da Princesa Isabel, em comemoração aos 160 anos de nascimento da Princesa Dona Isabel, na sede do Pró-Monarquia em São Paulo, 2009.

BRASIL, Luciana Leão. *Deslizamento de sentidos por efeito metafórico: o discurso de uma fotografia.* In: RUA – Revista do Laboratório de Estudos Urbanos Núcleo de Desenvolvimento da Criatividade, n. 17, vol. 2, 2011.

CAMARGO, Conceição Borges Ribeiro; CAMARGO, Vicente. *A passagem da Princesa Isabel em Aparecida.* Aparecida: Ed. Santuário. In: Ecos Marianos, 1964.

CARVALHO, Elisa Maria Domingues da Costa. *A Fortuna ao Serviço da Salvação da Alma, da Família e da Memória, através dos testamentos dos Arcebispos e Dignatários de Braga na Idade Média.* Portugal: Braga, In: Lusitania Sacra, 2ª série, 13-14; 2001-2002.

GUIMARAES, Lucia Maria Pascoal. in: *Revista Nossa História*, ano 3, n. 26, dezembro de 2005.

HANSEN, Pe. Jean Poul. Texto para o Baependi.net. 26 Setembro 2012.

HONORATO, Cláudio de Paula. *Valongo: o mercado de escravos do Rio de Janeiro, 1758 a 1831.* Dissertação de Mestrado: Universidade Federal Fluminense, Instituto de Ciências Humanas e Filosofia, Departamento de História, 2008.

SACRAMENTO, José Antônio de Ávila. *Nhá Chica, a Santa do Rio das Mortes.* In: Revista da Academia de Letras de São João del-Rei, 2006.

SILVA, Wlamir José da. *Liberais e Povo: a construção da hegemonia liberal moderada na Província de Minas Gerais (1830-1834).* Tese de Doutorado em História, Instituto de Filosofia e Ciências Sociais, UFRJ, Rio de Janeiro, 2002.

Acervos consultados

Arquivo da Igreja Matriz de Nossa Senhora do Pilar, São João del Rei, MG.
Arquivo Público Mineiro APM, Belo Horizonte, MG.
Arquivo Público Municipal Professor Themístocles C. da Rocha, Baependi, MG.
Biblioteca Nacional, Rio de Janeiro, RJ.
Museu de Caxambu, Caxambu, MG.
Museu Nossa Senhora Aparecida. Santuário Nacional de Nossa Senhora da Conceição Aparecida, Aparecida, SP.

Iconografia

Acervos Particulares: *Caetano Rizzi*; *Jerônimo Pedreira*; *Rita Elisa Seda*.
Arquivo público Mineiro APM, fotografias.
Biblioteca Mário de Andrade, São Paulo.
Blogs: *Baependi História, Cultura e Memória*; *Fé e Cultura Baependy*; *Imagem na Web.*
Brasiliana, Universidade de São Paulo, USP, São Paulo, SP.
Ficheiro da Wikipédia, a enciclopédia livre.
IHGB, Instituto Histórico e Geográfico Brasileiro.
IHGM, Instituto Histórico e Geográfico de Minas Gerais.
IMS, Instituto Martius-Staden.
Museu Castro Maya / IBPC, Rio de Janeiro, RJ.
Museu Imperial, IPHAN / MINC.
Rede de Memória Virtual Brasileira, Biblioteca Nacional, Rio de Janeiro, RJ.
SILVA, Gil; MOACYR, J. *Nhá Chica, uma Flor de Baependi*. Baependi, Video: 35', cor, VHS, 1999.

RITA ELISA SÊDA

É santarritense de nascença (Santa Rita do Sapucaí, MG), joseense de coração (São José dos Campos, SP) e vilaboense de alma (cidade de Goiás, GO). Tem atividades credenciadas em: literatura, fotografia, jornalismo e arqueologia. É apresentadora do programa cultural ***PALAVRAS DE SEDA*** pela Rádio e TV Imprensa. Arriba! Leitura – projeto Social "Transforma" é a ponte entre o livro e o leitor-mirim fazendo com que as palavras sejam semeadas nos lares, nas escolas, ruas, praças, nos parques e condomínios, por meio de doações de livros.

É autora de diversos livros, entre eles: ***RETALHOS DE OUTONO***, Editora ComDeus, 2007 (Poesia moderna e concretista), ***PIPA GUERREIRA***, Editora Santuário, 2008 (Romance em que é abordado o valor da Liberdade); ***FÁBULAS PARA SEISHUM***, Editora Santuário, 2008 (Fábulas para todas as idades); ***CORA CORALINA, RAÍZES DE ANINHA***, Editora Ideias & Letras, 2009 (foto-biografia da poetisa Cora Coralina, que foi livremente inspirada no filme Cora Coralina Todas as Vidas, Prêmio Margarida de Prata, Melhor Documentário Voto Popular Festival de Cinema de Brasília, e Prêmio Grade Otelo, 2018); ***EUGÊNIA SERENO, A MENINA DOS VAGALUMES***, coautoria com Sonia Gabriel, Editora ComDeus, 2010 (biografia da romancista Eugênia Sereno, autora do livro "O Pássaro da Escuridão"); ***FRANZ DE CASTRO HOLZWARTH – O APÓSTOLO DA MISERICÓRDIA,*** Editora ComDeus, 2016 (biografia); ***OS ANJOS NÃO ENVELHECEM***, Editora ComDeus, 2017 (autobiografia); ***O SONHO TEM***

ASAS – O VISIONÁRIO CARLOS GONÇALVES, JAC Editora, 2018 (biografia); ***VIVER NA ALEGRIA DO SENHOR – DOM RAYMUNDO CARDEAL DAMASCENO ASSIS***, Editora Santuário – Canção Nova (biografia); ***TARZAN E PINGUÉ***, Editora da Galeria. Participação em dezenas de antologias nacionais e internacionais.

Homenagens: Reconhecimento Público – Câmara Municipal de São José dos Campos – pelas crônicas publicadas nos diversos jornais da região, 1999. ***Reconhecimento Público*** – Câmara Municipal de São José dos Campos – pelo lançamento do livro Ciberamigos Pontocom, 2000. ***Honra ao Mérito*** – Universidade de São Francisco – SP, 2001. ***Reconhecimento Público*** – Câmara Municipal de São José dos Campos – por ser integrante da Academia Joseense de Letras, 2010. ***Honra ao Mérito*** – Academia Valeparaibana de Letras e Artes – Taubaté, 2009. ***Honra ao Mérito*** – Câmara Municipal de São José dos Campos, SP, 2010. ***Destaque Brasil 2010*** (nível nacional) – Coluna Raimundo Nonato, Taubaté, SP, 2010. ***Medalha Cassiano Ricardo*** pela atuação na Academina Joseense de Letras, 2010. ***Reconhecimento Público*** – Câmara Municipal de São José dos Campos – pela participação como escritora no III Festival Mantiqueira – Diálogos com a Literatura, 2010. ***Troféu Carlos Drummond de Andrade***, Destaque do Ano, Itabira, MG, 2011. ***Honra ao Mérito*** – TELECENTRO – São José dos Campos, SP, 2011. ***Autor participativo*** – Editora Ideias & Letras, 2013. ***Sala de Leitura Rita Elisa Sêda***, EEEF Prof. Nelson Monteiro, São José dos Campos, SP. 2007. EMEF Prof. Geraldo de Almeida, São José dos Campos, SP, 2008. ***Cidadania Vilaboense*** – Câmara Municipal da cidade de Goiás, GO, 2005. ***Delegada da Cultura Regional*** – pela Academia Valeparaibana de Letras e Artes, Taubaté, SP, 2009. ***Comendadora com a medalha Leão de Judá***, São Paulo, SP, 2014. ***Embaixadora da Paz pela Ordem dos Arameus e Auranitas***, ORGARAN, SP, 2014. ***Delegada Cultural pela Confederação Brasileira de Letras e***

Artes, CONBLA, SP, 2014. ***Comendadora com a medalha Monteiro Lobato*** – Taubaté, SP, 2017. ***Honra ao Mérito*** – Academia Valeparaibana de Letras e Artes, 2017.

ÍNDICE

Introdução 7

Considerações historiográficas 9

I. Nascimento de Francisca de Paula de Jesus 11
Capitania de Minas Gerais 11
Izabel Maria da Silva 12
Santo Antônio do Rio das Mortes Pequeno 14
Nascimento de Francisca de Paula de Jesus 16
Bàe pen dy 20
A mudança 21
Os estudos 22
Theotônio político 25
Casamento de Maria Joaquina 26
Francisca, a irmã de Theotônio 26
Morte de Izabel 29

II. Viver na humildade e oração 31
Laços de família 31
Minha Sinhá 33
Nhá Chica 36
Escrituras Sagradas 39
Vereador Theotônio (1849) 41

Imaculada Conceição 42
Cidade de Baependy (1856) 44

III. Herança de amor 45
Morte de Theotônio (1861) 45
Aos pés de Nossa Senhora 48
Veneração da Imaculada Conceição 52
O início da Capela 54
Casal Real 57

IV. Capela Nossa Senhora da Conceição 61
Padre Marcos Pereira Gomes Nogueira 62
Nossa Senhora é quem sabe 63
Paixão de Cristo 65
Zélia 67
Devoção Mariana 69
Missa na Capela 74
Os sinos da Conceição 78
Movimentada Capela 83

V. Santidade em vida 87
Senhora da Conceição 89
Orações 91
Mãe dos pobres 94
Hora da agonia 96
Levitação 99
Festas religiosas (1880, 1883, 1884) 101

VI. A doença 107
Abolição 107
Caridade 113

Visconde de Cruzeiro 113
Testamento 114

VII. Mãe dos pobres 123
Caridade 123
República 124
Mãe dos pobres 129
Morte do amigo Félix 130
Henrique Monat 131
Respeito 133
Rua das Cavalhadas 133
Moradia 134
Boa vontade 135
Opinião de doutor 136
A alegria 137
A fome 138
A Capela 139
A despedida 141
A fotografia 142
As profecias (de todos os tempos) 144
I. Na oralidade dos Baependianos 145
A família do sacristão 145
Filho ilustre de Baependy 146
Em tua casa tem uma Conceição 147
Nubentes 147
Esposa de comerciante 148
Noivo em outro município 148
Meio de transporte 148
Resgate de uma tropa 149
Cavalo perdido 149
Sem notícias 150

Menino perdido 150
Notícias do vovô 151
Respeito é bom 151
Cirurgias 152
Zélia 152
II. Narradas por Nhá Chica 153
Coronel P. 154
Casamento 154
Atenção a uma mãe 154
Religiosidade 155
Bela Capela 156
Misericórdia 158
Novena à Imaculada Conceição 159
Livro Caxambu 160

VIII. Morte de Nhá Chica 163
Herança de dor 164
Doença do estômago 165
Matéria no jornal O Paiz 170
Inventário 178
Pagamento de missas 181
Finalização do frontispício 181
Irmã Maria do Santíssimo Sacramento 185
Demolição da Capela 187
Abrigo Nhá Chica 189
Processo para canonização 190
Exumação 191
Registro Civil tardio 192
Oração pela beatificação 194

IX. Fé 197
Nhá Chica, um ícone de nossa história 206

Bibliografia 209

Rita Elisa Sêda 215

Este livro foi composto com as famílias tipográficas Bodoni e Adobe Caslon Pro
e impresso em papel offset 63g/m² pela **Gráfica Santuário**.